把人生過得像持續散步

Sophia Cheng
蘇菲蔓

Content

目錄

第二部

事物

有發生過

第三部

習慣

換一個姿勢

一個人的四季

袁兆昌　香港作家

一堆堆文字、一頁頁紙張，油墨根據電腦指示滴在恰當位置，裁切後成為一部部書。文字是作者自己的，卻因一些邀約，成為別人要買下來的書的作者。

寫作、出書，然後成為作家，是何等神秘又浪漫的事，它是自己跟自己妥協的歷程：寫或不寫，改或不改……十萬個否則，幾個確定，事就這樣成了。

在我收到蘇菲蔓這則稿約後，我讀著、讀著，從我她之間曾有過一次朗豪坊喝咖啡的漫談，到她終於要為異地生活寫成一部書的經過，前後沒有一個月。《把人生過得像持續散步》

寫的城市，有幾個屬我旅遊選項勾選的地名——德國、荷蘭……有些細節令人想到伍爾芙《牆上的斑點》那種聯想與仔細，就是寫個房間，介入蘇菲蔓生活的卻是個男生（「我記得搬進來的時候那過度潔癖的初戀男友過來幫我打掃」），這麼的一段記憶，輕描淡寫的開首，就吸引著獵奇如我讀下去。

蘇菲蔓把四季塞進行李箱，不斷搬動各個住處的記憶。它與國境最密切的關係，大約就是她身體與居所的若即若離。從火車站到住處的路上，無法想像的、會發生的事，都逐一發生了。例如手機滑到火車軌上，例如坐上了航向出發地的列車。魯迅說過，他到香港的旅途是「畏途」；蘇菲蔓每個旅途發生的事，似乎都有她個性使然或是蝴蝶效應式的必然巧合。

讀她的文字，會發現那種自省毋須誰來肯定。這意思是說，像我們這種資深讀者，讀到第一二篇就知道這必定大賣的文字與節奏，就是當下香港需要的文字與思考調適——從香港到荷蘭，又到了哪個地方，原來可以這麼好好經歷與思索。

近年人人移民，意思是說，從固定的生活地點，來到一個相對陌生的地方生活。人人都下定最大的決心，離開這樣的地方。蘇菲蔓旅途的流動，看來並不存在移不移民——「以往我所住過的每——一——個——家——。那麼我呢？到底我又會不會回家？」她與金髮俄羅斯姑娘對話後，就有了這樣的疑問。

「但這所謂的證件不過就是打印在普通A4白紙上面的文字。她把以往的人生總結濃縮收藏在記憶裡面，再由這張A4紙重新賦予一段新的人生。」蘇菲蔓就是這麼擅長運用沉靜的心境來寫別人的動蕩，一如她自己寫自己生活的選擇與動蕩，把別人眼中的瑣事細碎，以文章、以書為單位來沉靜處理……蘇菲蔓毫無保留地寫自己的異地戀情，寫得一點也不激烈，就如她在此書的一貫筆觸，讀得出那只是她生活的一部分，沒什麼大不了——至少，我這個讀者，就覺得真的沒什麼大不了。

蘇菲蔓跟我提起曾與也斯聊到的什麼，我才明白那種淡然的由來。我相信我們崇尚的就是這種淡然，再大不了的事情，到了自己的筆尖，不一定要力透紙背，情感不一定要感動世人。只要跟自己好好談談，妥協下來，就可再出發，到達另一些地方。

四季衣物，怎可能統統塞進行李箱？蘇菲蔓把一個人的許多個四季，全塞進這部書裡。當然有它的斷捨離，有更多的是瑣碎卻悅目的光芒、香港散文才會讀到的閒逸、漫不經心的

Take a long walk

毫不在意。這個時代，需要這本書、這種調節。

誠心希望它有更多更多的讀者讀過。

四處為家，看見世界的美好

Miffy Tsai *EVERYDAY OBJECT*副總編輯

今年初，我帶著兒子到台南玩，三天兩夜的行程，在即將回台北的前一晚，兒子吵著不想回去，說要再待一天，我問他「你喜歡台南什麼？建築、食物，還是人？」他想了一下，回答我「生活」。

看著Sophia的文字和照片時，我常常也是這樣的感受；看著她搬到哪裡，就學著哪裡的語言，購買該城市的品牌，嘗試在地的食物，甚至連陽光灑在不同城市，她都有著不一樣的體悟。我雖然愛看她開箱戰利品，並被燒得遍體鱗傷，也喜歡記下每一杯她喝過的咖啡，跟著填滿咖啡因，但我之所以持續地閱讀Sophia，並進而向她邀稿，我想就是因為喜歡她用力生活與認識新環境的樣子。

認識Sophia的時候，當時她應該在英國牛津，也常常在旅行的路上，有時候在新加坡，有時候在日本，後來我們在香港見上了一面，相約在香港大學站，她帶我們去吃了一家「義式」的料理，後來又去喝了咖啡，她說之後要搬到漢堡，沒過多久，又搬到了斯德哥爾摩，轉換一個又一個的城市，無論居住在哪，都有著Sophia式的生活模式開啟，旅行與生活的界線，在她的世界似乎被消弭了。

先前*EVERYDAY OBJECT*採訪過一組熱愛戶外活動的夫婦的家，他們是這麼說的：「有了自己的家，旅程才之所以是旅程；如果沒有家，稱之為流浪。」我看著Sophia ，這也明白所謂的四處為家。

我們或許無法每個人都擁有她的人生經驗與故事，但可以確定的是，透過她的畫面與文字，我們彷彿都經歷了一個在某平行宇宙的人生，在那裡，我們都得自然地學會與新環境共處，試著每隔一段時間，就愛上一個新的城市與當地的人們。回到了自己的宇宙後，我們反而更能夠珍惜並且去熱愛身邊的一切，因為我們完全透過Sophia的熱情感受到了這個世界的美好，不論你在哪裡。

000 序 Prologue

二零二一年台灣*EVERYDAY OBJECT*年刊跟我邀稿，題目是「寫一封信回家」。答應了以後我的腦袋都在瘋狂飆過各種念頭，然而最讓我困惑又無時無刻佔據腦袋最重要的問題是：「家在哪裡？」。我試圖把記憶濃縮，在腦袋中把不重要的東西像抽真空一樣吸走，只考慮留下來人生中最重要的精要部分。剩下的應該就是被我認為應該要裝住的重要事情（雖然很多都被放在大腦裡面不太重要的區域，但只要用力想，好像就會有什麼被想起來），但要我寫一封信回家？除了該要寫下什麼，更是我該寫往哪裡？多得這一道煽情又到肉的題目，讓我將曾經覺得相當乏味、極度煩厭，以及希望可以永久消失的東西再次認真地回想一遍。我細心地把這些年來的聚散重新回帶，尋找裡面曾被我忽略和疏忽照顧的地方。我發現過去各個讓我如臨大敵的困局，都企圖挑戰我當時的底線；現在我嘗試對自己坦白、全盤托出自己心裡的一切。我對過去認真又徹底的搜刮一遍，寫完了這一封信。寫完了這一封信之後，在我審視自己和繼續搜尋自己的關口，又寫成了這一部書。

我第一次對離家的想法來自對海外留學的想像，那個時候我考慮的是那個至今仍未踏足過的地方：墨爾本。

我的父親非常認真地思考我去墨爾本讀書的各種細節，包括生活費、學費和寄宿上的瑣碎問題。當年認識好久的○○決定要去外國讀書，家裡的人知道後，覺得我們兩個一起出發可以互相照應（其實就是希望可以托賴對方把自己的女兒照顧好）。我在想，要是那年我踏出那一步，我的人生想必有重大的變化，我就不會是現在的我了。我忘記了實際上是因為哪一個原因而沒有出國，總而言之，現在的我已經永遠不會知道那個在大洋洲的國家到底可以給年輕時代的自己什麼特殊的經歷。那個時候的我對於「換一個地方生活」並沒有像現在這麼蠢蠢欲動；面對擁有極多可能性的人生，當時的我抱著既來之則安之的態度。結果沒有言之鑿鑿的說要我去，我就沒有去了；應該大概就是這樣？我都已經記不起來。

隨後不到一年，我爸再次以非常謹慎小心的姿態走到我的房間，問我要不要到愛爾蘭。

那個時候的他大概是因為自己想要過去，就來問我要不要一併過去。他給出的計劃是這樣的：他自己先過去，一切安定下來之後，我可以在想過去的時候（例如找到房子之後，又或是畢業之後）就可以過去。明明我就不是黏著父母大腿的那種人，甚至很早就開始自己一個人住，根本就無需要父親因為我而留在香港，可是這個提議對當時的我來說並不舒服，也是因為這樣，我沒有答應。然後他大概就是覺得這並不是我想要發生的事情，所以就把這個想法暫時擱置。後來的我偶爾為著當時沒有開放的心而感到非常忐忑——我竟然擺出模棱兩可的表情；只要一想到這件事，心裡就感到慚愧而不安。他的人生應該由他決定（就算他想要順應我取向），可恨的是當年的我沒有成熟得讓他毫無顧慮，所以他一直留在這裡。如果那個時候我有發出一個態度正面的回應，現在我周遭的各種各樣事情上可能有截然不同的走向；不過當時的我真的沒有答應（雖然也沒有表示反對）。

上大學後，我開始一個人獨居。獨居生活的訓練對我來說沒有太多令我感到突兀或者不習慣的地方，我很快就適應過來。雖然要自己處理自己穿過的衣服，要打掃和抹塵；但換來的是可以一個人靜靜地看書，可以按自己的方式生活，按自己的時間表前進。年輕時的我最介意就是自己一個人吃飯，而這個當時被我視為獨居裡面最尷尬的處境都由好友們輪流陪我度過。回想起來的確過分，那些本來可以回家跟父母吃飯的孩子為了讓我不要太寂寞而放棄在家裡吃飯，而分別過來跟我吃晚餐。他們甚至會把我約出來只是為了吃一杯雪糕，或是飯後陪我散一個所謂簡短的步，然後他們往往都在我非常細小而沒趣的房子裡面跟我聊過去，聊未來，聊到不小心在沙發上睡著，好讓我循序漸進適應一個人、四面牆。當時這場獨居生活，可能正正就是我人生出發外走的起點。

我開始往外闖的第一個目的地是荷蘭。當時學校的老師給我寫了推薦信，讓我順利考進大學，那幾年的國外生活都不過在讀書。認認真真地生活和認認真真地讀書。後來開始旅居則是搬到六百公里外的牛津的事情了。幾年後，我跑到德國漢堡逗留了幾年；現在我則在瑞典斯德哥爾摩度過第二個夏天。我給自己選擇在每個地方都停留一段日子，把自己維持在一直走來走去的狀態。我不知道應該怎去說明這種到處搬家的生活，對我來說，除了無限的新鮮感以外，四處出走換到的是會把每個相遇相交的人們都當成自己的至親。我把每一位都放在心頭重要的位置，縱使我繼續一而再再而三換到另一個地方定居，長距離關係加深了維繫感情的難度，但難得的是我們都互相把對方放在心頭。我從小就沒有在經營關係上得到非常優秀的訓練，與人建立感情總是比其他人花上更多的時間，只是他們真的都把我當成親人，沒有因為我對於維持關係的態度過分鬆懈而斤斤計較——這都讓我知道，人和人之間，語言和文化從來都不是什麼特別障礙。

這些年我從一個地方換到另一個地方，每次都大費周章、勞師動眾。家裡的人問我為什麼又再舟車勞頓的換到另一個新地方生活，可是我沒有答案。那是為什麼呢？偶爾我都會這樣問自己。每隔一些日子，我就好像跟自己過不去似的忙著去辦理新證件、申請新住戶證、物色新的房子，處理一籮筐文件。面對各地不同的法規和細則(比方說證件相的拍攝要求就已經完全不一樣)，單單是安頓下來都已經足夠讓我眼花撩亂。我費勁的去認識一個新的地方，嘗試讓自己接受新的一個文化，又是為了什麼呢？我實在無法得出答案。我每次都雀躍得手舞足蹈去開展新生活，可能，我只是單純喜歡這種換場景的快感，僅此而已。荷蘭過熱的天氣和荷蘭人無限樂天的個性都是好好收在口袋的正能量泉源；英國的紳士風、扎實的禮儀基礎和古老但又帶熟悉氣氛的街道都是吃下就能充填一肚完美英式氣場的認證；德國人公式化的踏實、事事白紙黑字的實際作風和對環保的意識似乎都是現代人處世理應仿效的簡樸模樣；直到目前為止我正在觀察的斯德哥爾摩，我都把路途上的好好壞壞照單全收。

每隔幾年換一次背景似乎成為我沒有制定過的習慣，像呼吸一樣自然。數一數手指，把身份證換到第五張始終仍然是我始料不及的事。拿出最初出發的初心和現時的心情比照，我還是一如既往的拿著同一副心境來換生活背景。對來我說，這是一場冗長的漫步，是我在歐洲各個城市穿梭過後寫下的不同生活記錄。我努力把人生過得像持續散步，讓散步持續成為生活最大樂趣。無論是我把自己拘泥細節的龜毛當成品味自賞，還是路途上無關緊要的瑣事給我半空蕩漾的空虛和失落、無奈和悵惘；這些種種都代表我每一個階段脆弱朦朧而有趣的苦惱。我知道要是我打工換宿、過著工作假期，我可以有文字證據看到每個限期和實際的終點位置。若果我談一場長距離戀愛然後嫁到異鄉，我就會知道自己往哪裡落地生根。但只有在旅居的過程，我才能真正在不明確的時候出發，又在忽然想要離開的日子遠去。由於沒有限期，所以也沒有要住上一生一世的承諾，我享受著自己未來的不確定性——我好像把自己當成一個自在暢遊的遊牧民族，自得其樂地繼續過著無法預視的人生，任由自己緊隨命運隨波逐流。或者，這種對未來充滿期待的心情和渴望，更合乎我的體質。

三兩年換一次居住地這個緊密的節奏的瑕疵在於——讓人產生迷惘的時刻。就像睡得太熟，一覺醒來，忘了今天星期幾，忘了自己在哪裡。以至當我偶爾為著什麼事情而變得緊張的時候，心底裡總是不期然泛起「回家」的念頭。但矛盾的是——坐在家裡面的自己，又該回到哪裡？那種「想要回去」的心情似乎在半空飄揚一直找不到落腳點。結果我在各個變身小羔羊的迷途時刻都這樣安慰自己：無論身處何地，抬頭都不過看著同一彎月亮。這一尾月亮，無論在晚七個小時後看到，或是早六個小時遇上都不過一樣，當中的交錯彷彿都藏住這輩子擁有過的思念。

隨著《寫一封信回家》的完成，我對「家」的想法烙在腦中成為了某種無法擺脫的旋律。我再三思考「家」對我的意義，而這塊無答案的海綿正在我的腦海裡吸收各種新沾到的水分。我想以圍繞著它的形式，嘗試寫作一系列的短篇。就這個意義來說，從一直在變的「家」伸延到點到點的「途」，這個「途」隨即成為這本書的出發點。我把散步放大成為我目前人生的主旋律，而這個大型散步現場把所有東西都變成過程。出發是過程，離開是過程；這些種種帶來偶爾的苦澀和壓抑在敏感如我這巨蟹身上準確地發生各種化學作用。然而就只有在我確信人生一直是在過程的圈圈裡面，才能教我在各種好笑與不好笑的世間黑色幽默裡曳出所有希望。我所遇過和還未遇到的各種酸甜苦辣都會過去；痛苦是過程，快樂是過程，或者就只有（實際上或是心裡）穿山越水地不斷前進，才能圓滿我給自己訂下的真正目的——把人生過得像持續散步。

二零二二年的開初，我對自己的要求是把所有事情竭盡所能徹徹底底地去幹、面對所有關係都額外用心經營。我的思念要成功傳遞出去，我的關心要更加輪廓分明地呈現。我想把這些感情變成有形狀有顏色的畫面，被我所珍視的人實實在在的感受得到。就像平日把汽水咕嚕咕嚕的喝下去，就像平日吃麵包時大膽地塗抹整塊牛油，我要把生活都過得津津有味——而這些真實的生活都包括我對別人的愛和關注。我盡力把歷歷浮現的生活光景筆錄下來，我要征服我的人生，我必須給自己肯定明說：這些本來就是我的東西，因為我的珍視而變得閃閃發亮；一切就算瞬間即逝，只要用力地過，就等於擁有。

美好的風景比比皆是，買一張機票、按一下Google就可以盡情瀏覽。我努力把目光緩緩的從外邊轉到裡面，在往外求新的前提下同時往內追求真實，因為只有這樣才能讓我看到真正新的風景。有人說，活在人生旅途上的各種進退，更在乎的是拿出來應對的心理反應。我鍛鍊自己的目光，就像世界用經驗鍛鍊我一樣。每天睜開眼睛，我都記住之前吃過的所有教訓。

曾經有一段時間，要是走進接收的盲點，身處的地方沒有網絡，我整個人就會變得非常緋緊——這樣看起來我就好像literally只有自己一個人。現在的我反而是覺得一個人也沒有不好，我寫東西的時候也是一個人，思考的時候也是一個人，文字來到誰的面前被讀下去，那個人也是一個人。以我的某種孤獨來觸碰某誰的那種孤獨，不就是已經沒有那麼孤獨？我想，有時候寫一封信，寫幾隻字，或者是記低什麼；然後被誰在另一個時間點、另一個空間讀下去，可以「卡」的一聲無形的觸碰起來，就是這個意思。

這個早上，我打開自己十幾年前寫過和收到的電郵。我發現有一段時間我在每一場小旅行之後都會簡單寫下旅程中遇到的某些讓我驚奇的新事物（雖然那些在別人眼裡可能都是普通不過的東西），裡面夾著隨便一張相（我不知道當時挑選照片的原因，現在看起來甚至和信裡的文字完全沒有任何相關的地方）。我樂此不疲的重讀那些舊信，足足看了整整一個早上。其中有一封信的標題上面寫著「致從荷蘭回來的○○同學」，我忽然覺得在這個標題下那堆信，好好的保留了當時的自己——那個人生中第一次決定要前往遙遠他方之後所變成的自己。當時我出席有我並不認識的人的聚會，在介紹的時候都會被稱為「這是從荷蘭回來的○○」，這個標籤成為了那個階段的我。往後我成為了「在牛津生活的○○」、「在漢堡生活的○○」，直到現在「在斯德哥爾摩生活的○○」。或者這個不斷轉換的身份就是在《寫一封信回家》出現之後，讓我滔滔不絕從而引申出這一部書的其中最大原因。

我想，這橫跨十幾年、在不同地方住下來的日子總有值得被寫下來的東西。我要把人生到目前為止讓我想念得肝腸寸斷、把自己打擊得體無完膚的東西鉅細無遺地記錄下來；在還未忘記細節和再度變成下一個「在____生活的○○」之前，留下我截前目前為止一次又一次蛻變過程和過後的想法。當我考慮到這一散步的隨筆能夠結集成書並在某個印刷廠用墨水被打印出來給在途上、準備出發或正在回家的人一點慰藉；在誰頹靡失落的時刻載走了半份肩上的重量；在誰軟弱無奈之時送上半分帶有溫度的支持；這裡的文字有被人一句一句的讀下去，總算是遙遙近萬里距離外的一種互相安慰。

在此我要感謝成就我能夠一路持續散步的各種大小理由，只有出現能夠讓我一直變換背景的機會，才不至讓我慵懶地套在舒適區處之泰然的度日子。要是沒有變換場景的各種誘因、沒有那想要試一下在其他地方住下來的衝動，首先我就無法寫得成這一部書。我忽然覺得，這或者就是村上春樹在〈養多樂燕子詩集〉裡面所提及的黑啤酒，也就像維珍尼亞・伍爾芙說過的：「我們應當盡情享受人生——就算我們從來無法得知人生的意義。」

第一部

經驗

調整心房的尺寸

Take a long walk

001 像我這樣的一個女子

我想寫一個像《麥田捕手》的開場白。

如果你真的想要聽，你可能最想知道我在哪個地方出生、我百無聊賴又呆板的童年和喧嘩吵鬧的青春期怎樣度過、為什麼我總是居無定所等等諸如此類像ask me anything式的開場白；可是，那些東西我都不想說。我只想說關於我在離家以後在我身上發生過衝擊我腦袋的各種事情。就在這些一切落在我身上卻還未放涼變成毫無可取的平凡以前，我會把一切我想要留下的一一寫下來。

我並不喜歡聊及我自己，尤其是在數據或者是實際細節上的各種事情；並不是為了保留神秘感，只是單純的不喜歡焦點聚落在那些枯燥又冰冷的東西上面。但我確實喜歡說故事——尤其是寫下內心翻波的各種細節。就像我每次說故事都長篇大論，冗長地蒐集各種心路歷程（那些別人認為絕對可以完全省略的微細部分）。我在早上吃下雞蛋、煙肉、蘑菇、芝士和新鮮出爐的長棍麵包，還喝了咖啡；平日在交通工具上面喜歡拉開車窗多於打開空調，喜歡被自然風呼嚕呼嚕的刮臉——除了因為舒適，更是因為太侷促又不流動的空氣會讓我頭痛——以上這些無關痛癢的地方我都會刻意一一說明。就像那種蹲在暗處自顧自自言自語自得其樂的那種人一樣。一個人待在那裡看書，然後你數十分鐘回過頭來看，我仍然好像完全沒有動過似的一樣一個人待在那裡看書。我希望這樣的我，並不會讓你難以理解。

我想在能力範圍下把我能夠感受到的一切都記下來——無論在過程裡面我怎樣將它們消化，或者我到底有沒有能力把它們全部通通都消化掉。我試圖打開自己大腦裡面藏住真實經歷的部分，找尋組成我人生的各種微細分層，將回憶裡面能被描述的地方都寫下來，而且盡量在過程中把能夠賺取成為養分的地方掏得一乾二淨。我這樣做似乎為著怎樣的一個目的，又或是只不過是隨便找一個藉口單純想要寫下一些在路上充斥在我心頭揮之不去的大小事情。

腦袋裡面似乎有什麼咚咚作響。我把想要寫下來的東西重新思考一遍，當中想到了一些讓我感到快樂和溫暖的人，縱使在這個心理上比實際上要大的世界裡面我們或者都不會再見了。

我反覆思量之後發現，在路上讓我如獲至寶的並不是一個又一個目的地，因為我並不是那種到達終點就感到興奮和滿足的人。我那萍踪浪跡地過的人生似乎是合乎我人格的最好設定。為了給未知的未來一個更好的結果，我抓破頭皮的嘗試想要給自己一個題目，一個讓我獲得更加明確方向的題目：一路漂泊不定走來走去的過程到底讓我有什麼好處？

A、擺脫束縛自己的那頭野獸
B、保持對生活的好奇心
C、容許自己一言不合就拉倒離場
D、一直（literally）不停前進為自己提供源源不絕的新鮮感作為養分
E、以上皆是，畢竟那頭野獸是我自己

我還在尋找答案的路途之上。

***

我把房子空出來。地磚是花白色的，沙發是紅色織布，地氈上面的迷你茶几有幾本雜誌和小說，座地燈發出柔和的黃光。空蕩蕩的書桌留在房間裡面，手提電腦已經收進我的行李箱；我在睡慣的雙人床褥上面額外加了厚實又舒服的床墊，再套進米白色暗淡直紋的四百針埃及棉床單，床上有一共六個、三種大小、排成兩列的枕頭，床頭木板上面是簡約的灰白色軟背墊。

向東南的那邊牆有一面跟房間一樣闊的大窗口，我伸手拉開外層窗簾讓光透進來（現在回想起來，這個採光充足的房間真是讓人感到非常暢快舒服），然後走進廚房，再次確認廚房裡面一切可能會導致危險的東西都一一被收起來。我伸手確認小露台的窗戶緊閉，確認尺寸非常小的浴室裡面沒有積水，確認每一個水龍頭都扭緊，該是白色的地方是亮眼反光的白以後，我就回到大廳的中間。我回想起在這個房子裡面跟我相處過的每一個人、吃過的每一頓飯。誰給我修好水喉、誰給我洗冷氣機、誰陪我買傢俱替我安裝座地燈。房間天花的牆紙是我搬進來以前家母請裝修師傅來貼的，她的選擇沒有問過我的意見，我對此沒有特別喜歡，但也沒有非常抗拒；只是換我來做決定，我一定只會在天花塗上很淡很淡的淺奶油白油漆。這讓我忽然思考眼前原有的奶油白色牆身會不會是我爸自己親手刷上去，他無聊的時候會自己動手做這種事情嗎？我沒有問過，所以也沒有答案。後來我在荷蘭租到第一個房子，當時年紀小，人在異地特別不捨得花錢，沒請來裝修工人，乾脆鼓起勇氣自己買來了淺奶油白色油漆逐一刷下每一道牆，也買來了冰川灰色的地氈自己貼；心裡只是想著一邊整理居所一邊住下來，因而省下不少錢。當然牆身刷得馬虎、地毯也貼得糟糕的事情我都沒有跟家人提起。

陪伴我讓我感覺沒有那麼孤寂的電視是我的長期語音導航，那些不經意的聲音和平日晝面一閃一亮的反照在沙發和牆上，讓我在一個人的夜裡不至那麼清靜平淡。現在，電視關上以後，盯著反光的黑屏只能夠看到我自己。

我記得搬進來的時候那過度潔癖的初戀男友過來幫我打掃；住下來沒多久，好朋友來玩太晚，直接睡沙發；我們在這裡點過無數次外賣、我們喝著香檳過中秋節、我們把平日當成節日度過。後來某個好友上來幫我修好慘被我一手扭斷的水龍頭，又有誰吃飯過後無聊覺得要幫我清洗冷氣機的隔塵網。在這個房子裡發生過很多事情，當時覺得沒技術含量的小事現在都成為我心裡不可或缺的回憶。現在水喉壞了我會找水喉匠來修、打掃會找清潔公司，所有能拿出去辦的事情都找人來辦；那個好朋友或自己親力親為的年紀好像已經遠去，這些瑣事還好能留在心底。

我的全部行李就是一個背包加一個特大行李箱；大部分衣服還留在衣櫥裡面，衣服底下是我預先放滿的一排抽濕器。我把一切都處理妥當，房子會借給家裡即將裝修的朋友暫住，當時的我仍未知道她會住多久。離開前我開了一整夜抽濕機瘋狂把房間的濕度降到最低，希望在她搬進來以前盡量讓房間在春天的香港保持乾爽。

我無法拿著上路的東西實在還有很多很多。以往當我要鬆開誰的手或是誰想要把我甩開的時候，我不知道應該說什麼；現在這個感覺回到跟前，才突然發現自己一直是個把東西堆積如山的囤物狂，一而再再而三把東西往空白的地方去擠。只有一直在途上，我才能強迫自己選擇什麼是值得留下來的東西；強迫自己應該選擇和什麼告別，以及應該怎樣告別。那些應該被放棄的東西，我只能把心一橫的將它記在腦袋深處，或者由得它像煙火，曇花一現。為著前進和成長，大概誰都只好在取捨的過程謹慎地判斷挑選的準則；心房就是我的背包，尺寸實實在在只是這麼大，無論裡面拼出幾個間隔裝下幾多微細的物品，又或是一整個挪空塞下巨大的氣球，是這個尺寸就是這個尺寸，只有裝得下和（再）裝不下兩種。這個拿起了，就得放低那個。

離開前的夜晚，我分別跟幾個我認為非常重要的人見面。重要的人是那些理解我骨子裡

Take a long walk

的個性、知道我家裡大小事情、知道我對什麼花粉敏感、認識我所結交的朋友，甚至那些東西我早就忘記得一乾二淨但他都記得非常清楚的人。「如果有誰欺負你，你記得要告訴我。」我們因為這句話說得像老套的電影對白而笑了出來，我點點頭說好。後來我一直把這件事以不妨礙任何人的方式記在心底，將這個時刻以非常清晰、原封不動的方式保存起來。

***

大學畢業那一年我跑到荷蘭，在自稱為新阿姆斯特丹的小鎮住下來，那是荷蘭最東邊的一個城市，東至緊貼德國的西部，是個連名字都叫不出來的小鎮。那個時候只需要輕鬆騎上腳踏車就可以抵達德國，說到像旅行一樣的出發前往第二個國家，實際上只不過是好讓自己對此有所期待。現實中只不過是由一個鄉郊小鎮到另一個鄉郊小鎮而已。過境後也沒什麼特別的事情可以做，鄰國的風光也不比原來的好多少，兩者都是鄉土味濃的小鎮，僅只如此。但同學們彼此還是以「去吃黑森林蛋糕吧」、「去吃德國豬手也好」等等的藉口出發，似乎彼此心知肚明並沒有特別想要吃這些德國地道美食，這樣說只是為了讓我們沒有特別精彩的周末小旅行過得比較有趣或是添加一點特殊的回憶。對於互相努力營造氣氛的舉動，我們還是表現得非常雀躍。

***

幾年後我帶著兩箱行李搬到牛津。身為遊客極多的英國城市，牛津似乎就連擠擁程度都有點太像香港（還是應該說當時的香港真有英國的影子）。我心裡知道英式紳士姿態是成年禮裡面必須完美仿效的一環，而我那種直腸直肚的本性一定會讓我在未來碰上不少苦頭。雖然這種彬彬有禮做過了火位就是虛偽，但在牛津（尤其是牛津）難免也會有這樣的時候。牛津美學傳承下來的東西很多，好看的西服很多、好看的人也很多；在老派大學的角落、在歷史地位極高的酒館、在一棟大型書店中間賣老書的那層，偶爾在眼前大搖大擺地經過卻又像陣風一樣轉眼就消失的美好東西。這裡美的檔次很高，是個骨子裡懂規矩的紳士、是個美而不自覺的優雅女士、是無論過了多久回想起來仍然會讓人心動的模樣和言行舉止，全部都是我心悅誠服覺得需要窮極畢生來學習的典範。但在這種強大的優勢之下並不等於擁有控制世間所有事情的能力，至少「工事不順」就是牛津（或可以說是英國）的代名詞，單單只是接駁住處的 Wi-fi，就已經讓我等上好久。

當時的我在租下房子後立刻跟寬頻公司簽訂固定年期的合約，可是一直都沒有人來接駁寬頻線。預定安裝那天，我整個下午都在乾等，在客廳坐到疲倦又轉到書房，就是沒有人來。「師傅生病了無法來喔，我馬上給你改別的日子。」熱線電話接通之後，非常有禮的客戶服務員給你無辦法生氣的理由。後來我在網上讀到關於英國寬頻安裝的討論，原來這工種的流失率很高，大家發現除了自己還有其他人一樣在家等到天荒地老；縱然有了心靈慰藉，但各人的師傅還是有各種理由未克前來。

那些很難過的日子都是由當時還沒結業的百視達和一本又一本的日本文學耗盡我多餘的空虛感，我甚至把書看得狠看到直接讀到腦袋後面去。約莫三個月後的下午，我家終於接上寬頻，一下子由平安時代回到現代。合約正式生效後，寬頻公司禮貌地給我信件說明：先前每次爽約的日子都會免去我三個月的月費。這種婉委的致歉沒有打鑼打鼓地通知，反倒是在我發現信用卡帳單沒在扣錢的當下拆開擱在一邊的信封才發現的秘密——他們給我賠上差不多整整兩年的月費。這種落落大方的處事作風我小心翼翼的記住了，在錯誤面前由衷地致上極大的歉意，只要歉意的比例有夠誇張，當事人很容易就會放棄追究、不再生氣。這種治標不治本的行為其實非常虛偽，但總算讓失禮的一方輕鬆扛下罪狀。

花上幾年在牛津生活之後，我嘗試學會把那裡所看到的美的檔次訂立為我的審美標準，向腦袋猛地灌下知識直到冰冷麻痺才肯離開。直到我覺得足夠（以當時的目標來說）才依依不捨的離開，買最後一杯咖啡的時候跟咖啡店的人告別、吃最後一次外賣的時候跟美食車的廚子們告別——他們還邀我上美食車，讓我裝模作樣的準備和包裝平日點慣的菜，當作一次別出心裁的餞別禮。

＊＊＊

我新的目的地是德國的漢堡，周圍盪漾著活力的氣息，一個漂亮得我以為自己會落地生根的港口城市；可是故事的後來，我還是再次轉上新的軌道。我像停不下來似的又跳上前往斯德哥爾摩的飛機，直奔到下一個目的地。在這裡，我得先要說「跳上前往斯德哥爾摩的飛機」並沒有如句子上面一樣的瀟脫，畢竟疫情之下機場重度混亂，而且漢堡與斯德哥爾摩之間沒有直飛的航程；其次，我大概可能還得需要預先收起「最終」這兩個字，每一次我都以為這場搬遷遊戲來到尾聲，可是我還是隨同心裡的樂曲響起，再次站起來尋找新的音樂椅換下去。

就像感情需要走到分手的路口，對方捧出最大勇氣戰戰兢兢的開口問道要不要為他留下來，我卻像被命運選中一樣跳上為感情畫上句號的穿雲火箭，從此逃之夭夭，沒有然後。無

Take a long walk

論朋友或戀人，我都在相交過的人生之間挖開一條極大的裂縫，並不是為了要誰掉下去永不超生，而是由得自己站在對岸跟對方各不相干，又倒回去我最擅長的壞習慣——逃避問題；可能，這樣會換來一點輕鬆的舒適感？我大概在某誰心裡都成為了一個逃到異國的女子，相隔汪洋、陸地、高山以外逃去無蹤的一個女子。

飛機降落之後，抬頭看到的是我讀不懂的指示牌，字母組成無法閱讀的困難畫面。按著對機場的理解我緊隨人群前進，我睡眼惺忪的走到過關的窗口出示證件，然後在出口處消失在人群之中。我的離開每次都像撕開薯片包裝一樣的暴力地跟前一段人生說再見，那跟泡沫被戳破並不一樣，過去並不如慢慢消掉的氣泡，而是兩塊緊貼的錫箔紙被用力的撕開，僅僅是這樣。沒有耽誤對方，沒有耽誤自己，像正常人分手一樣落在分岔的路口上各走各路（或者在對方的眼裡是我選擇了避開）、各奔東西。就這樣而已。

我本來以為這是向世界出發，探索自己在世界上的身份；結果愈走愈外愈住愈久才發現，世界讓我認識更多的是我自己，我那最遠最久的旅行目的是我最深最沉最私密的內心所在。但丁的《神曲》裡面有這麼的一句：「在我人生行旅的中途，我迷失在一片不毛之地。」我想這大概就等於我心裡那壺沸騰而無法處理的熱水，一直在蒸發之間逐點消失；結果我迷失在樹林、在深山、在廢墟，或是空無一物的曠野。這一切就像畢業後轉換學校的空窗期、步入社會工作的歷史時刻，或是某誰離世的轉捩點，等於某個轉換場地（需要轉換心境）的瞬間；我這個人無法在心急的情況下處理事情，我需要慢慢地調整生活氛圍重新適應。那些我來不及維繫和灌溉的感情，變成了一池死水，情況慘不忍睹滿目瘡痍。

***

現在我終於更加明白，走得更遠去觀察世界，反倒會帶領自己退回到心裡更深的地方。我一邊對世界好奇，一邊培養面對世事的勇氣。以往我單純的用內向和慢熱作為開脫的藉口，如今我在每一個成長的關口，都學會了怎樣對待心裡那頭野獸。在此想寫下我特別喜歡王爾德的一句說話：「The only way to atone for being occasionally a little over-dressed is by being always absolutely over-educated.」

我人生裡面為所有事情贖罪的方案，就是這樣。

002 嗑藥驚魂

坐在這個跟逼仄可以說是相對的浴室地下的每分每秒，我都歷歷在目。我想這輩子關於浴室的回憶，而且說最厲害的，就只有這次。有誰把被熨得又直又貼服的浴巾披在我雙腿上面，有誰拉著我的手，有誰在我背後拿著熱水杯，地下還有半杯沒法喝完的果汁，這麼多人圍在浴室就是為了等待我不再嘔吐的瞬間。等待是件苦差，我竟然害這麼多人在浴室等我的感覺轉好。天啊，要說出來我也覺得有點羞恥。外邊放著John Mayer演唱會，剛好播到我最喜歡的*Slow Dancing in a Burning Room*，每一個字我都聽得非常清楚，我差點就想要跟著唱了，可是我飛快的心理活動還是只留在心裡面，無法兌現人前。大腦裡面一個又一個想法急速地逐一跳出然後溜走，像是某個朋友在圖書館用微縮資料機翻舊報紙做汪精衛的研究一樣，一塊一塊的放出來又轉過去，列隊清楚一頁又一頁，眼睛接近光速尋找相關字眼，可是身體卻完全沒有動彈的跡象。我就像親手在地下挖上很深很深的坑，一頭栽到裡面，無論誰在外邊說什麼，我都再聽不到了。原來當我以為自己大腦即將要爆炸壞掉的時候，會是這個樣子的——那我總算在人生的前半段體驗過這種感覺，可以說是沒有太遲吧。

我認為這是個浪漫地認識自己而非追求更刺激生活的故事。尷尬的是，現在回想起來裡面的確含有非常刺激的成分。這不是那種像《美麗新世界》裡面凡是出現情緒問題、心情沮喪或是感到痛苦的時候都用SOMA來麻痹自己神經的化學調理；我們並不是要讓自己過得輕鬆，或是選擇用鎮定劑來阻截自己的情緒受到折磨。這不是蜜糖，也不是毒藥；對我來說，這是一個探索自我的過程。而開始之際，我在紅色藥丸和藍色藥丸之間，選擇了紅色的。

***

在荷蘭上大學第一次做專題研究的時候，我進了全部都是荷蘭女孩的小組。自我介紹的時候我總不知道怎樣說起自己，托賴人家沒有介意我過分精簡的開場白，也沒有被我的天生臭臉綜合症嚇倒；還好有人對我有興趣，會主動跟我打開話題匣子（對此我總是感到非常榮幸）。基本上整個文學研究部門都是由歐洲人組成，就只有我一個例外。當時的導師問我們好不好做魯迅的專題，有點似乎是「終於等到讀中國文學的學生了」的那種感覺，我隨便找了幾個理由婉轉地拒絕，因為我在這裡想讀一點其他國家的東西。

我們幾個在俄羅斯文學和日本文學之間糾結，並選擇挑戰後者；然後在思考村上春樹和芥川龍之介之間，也選上後者。這次的五人女子組，並沒有在此刷出什麼分析的新角度，只是一而再再而三的連群結隊出去闖世界。課堂完結之後，我們就逃去無蹤。我們去闖城堡（竟然在城堡的後門溜進去），我們去廣場蹓躂，直到廣場大門要關上為止。她們給我展示最美的阿姆斯特丹。

「我們沒有米蘭大教堂。」是她們的口頭禪，壓根兒她們都非常清楚，荷蘭的賣點並不是叫人眼珠飛彈出來的舉世建築。隨同她們的步伐，我意識到，我所認識到的阿姆斯特丹不應是地圖上那單靠我目光在眼底拍下照片的荷蘭，而是靠著風土人情用心靈寫生的荷蘭。有時我們在廣場的中央吃沙津，有時我們在運河上面吃雪糕。「參觀別人的國家是往上看，在阿姆斯特丹卻是向下望；人家去認識世界認識自己是向外跑，我們去衡量世界了解自己是往內轉。」跟埃及的金字塔不一樣，跟巴黎聖母院也不一樣；沒有叫人驚豔抬個頭就讓人溶掉的國寶級建築古蹟，卻以水平線下那川流不息的運河們引來外人注目。

幾年之後，我在Netflix看《老鬼回歸》都有同樣的感覺——他們一直在自省裡面尋找真正的自己。荷蘭人自我挑剔的精神在她們之間顯露無遺，她們要是在雞蛋裡面挑骨頭都只會挑自己的。她們會覺得失意的人生就像抽大麻遇上bad trip——一切一切你都得自己承受。別人縱然想要給你扶持，最多也不過只能牽著你的手。

或者是因為這樣，我從她們身上學會了認識自己等於先挖自己的傷疤。大學電影課裡面有一堂在演講廳放黑澤明的《夢》，當時在沒有背景資料的情況下第一次看這部電影的感覺直到此時此刻仍然留在內心裡面，算是成為了我心目中黑澤明・梵高・夢的迷幻鐵三角。待我在自己的生命中追逐梵高一生的時候，就是翌年在阿姆斯特丹。

***

當時體內大麻正在發動，而我則已經站在梵高留在世上的真跡面前，血管裡面充滿不安和孤獨，我感到自己很可能因此缺氧倒地。大概是這裡展示的每一種寂寞都可以讓人醉生夢死，所以藝術才這麼值錢。如果只是想要感受這種程度，買一張梵谷博物館門票，適當的嗑點大麻就可以了，至少這樣就可以感受到梵高所說的「痛苦永存」。要是能夠把情緒放大，任誰在梵高面前都可以愁腸百結哭得一個淚流滿臉。這裡沒有嗑大麻後不能做的事，如果有，那種事嗑還是不嗑都沒有人想要做。對此，我其實有些心虛，要去看梵高不一定要抽大麻，

Take a long walk

況且哪裡都有大麻，不一定要在荷蘭。我並不是追求逃避道德的責難而來阿姆斯特丹的，而且就只有在荷蘭這合法的背景設定完全洗走了外界的有色眼鏡（當然也不是說大搖大擺的在街上面抽，但在荷蘭，嗑大麻就像喝果汁或是吃雪糕一樣平常）。隨同大麻把感官放大的瞬間進場順著梵高一生走上一圈，任由大腦像浮屍一樣無力飄浮，浸淫在大海一樣的星空，感情豐富得四處亂竄，眼皮抽動鼻子癢癢眼淚就自己流下來，呆站在那株太陽花面前以為誰會來營救。

油光面的煙草紙袋外邊除了印上品牌名字，就是吸煙危險健康的標語和圖示，通常都是「吸煙殺人，立即戒掉」之類。包裝紙摺疊兩次，分成三份，其中兩份組成一個小口袋，留一份用作封口，以防煙草掉出來。這個小紙包通常捲得亂七八糟，皺皺歪歪。大麻的包裝更是簡單，慣常都是透明有拉鏈的膠袋，大小不拘。大概是以克為單位販賣，但實際怎樣運作我幾乎可以說是全不知情——我根本沒有買過。隨便找一個水平的平面將兩者倒出來，拿著透薄的煙紙捲出小棒，將它們逐少逐少簡單混好，然後再將混在一起的大麻煙草碎放在另一張軟白的煙紙上面，小心填滿並仔細捲好，用口水沾在邊緣，用手捏緊貼穩。觀賞填裝的過程是期待也是享受，是一種儀式感。我從來都沒有參與或親手捲過煙，我都在旁邊一邊等待，一邊把一罐罐啤酒喝光。所以我們在抽的手捲煙裡面煙草和大麻的比例約為幾多呢？我絕對無任何頭緒（也沒有為此傷過腦筋）。我知道有些人會把大麻放到玻璃容器裡面抽，但我們倒是喜歡最簡樸的手捲煙；這裡的我們指的包括研究生和真正的學者，大家一口接一口討論著帶學術性的生活問題。

在露台上我們圍圈而坐，嘴上聊著各種話題，含有大麻的手捲煙一支一支從左到右或是從右到左輪流抽。有時因為說得起勁，煙一直拿在手裡；有時因為抽得狂，都不記得應該往左傳還是往右遞；一手交一手，偶爾有誰會說「哎啊，你別顧長篇大論」然後就是一輪瘋狂笑聲。大家都對我這個菜鳥作出各種抽大麻的正確技術支援和指導，包括用最淺白的方式告訴我最直接能理解的方法：像用飲管喝汽水一樣的吸。喝汽水容易，但流動的液體變成了虛無的氣體又是另一回事。對於汽水，我可以咕嚕咕嚕的灌下去，到喉嚨、到胃部；但氣體呢，吸到口腔之後往哪裡推送？怎樣推送？吞和吐兩個動作忽然變得相當困難，我就是無法處理那些看不到的氣體。我咳嗽幾聲，搞不清楚應該用口還是用鼻來呼氣；對於控制口鼻呼吸要額外用神的我來說，抽大麻實在很勉強。聊天聊了好久，我不知抽了幾多口，大麻似乎輪到我這裡三個圈或是五個圈？還是更多？反正我就抽不來。聊天聊到口乾至極，好像差點獲得了饑渴症。

可以很坦白的是，這裡的任何一個人都不是為了追求更刺激的生活才在這裡圍圓圈。長金髮的挪威男生在太陽下山之前就可以喝醉（他笑指是要彌補挪威賣酒時間限制的極大缺陷），最誇張的一次是我們在酒館觀看世界盃直播決賽，興之所至隨便買來印有「Hup Holland Hup」字眼在上面、微小得只有小指尺寸的玻璃瓶裝酒（裡面的透明液體到底是伏特加還是某種我叫不出名字的烈酒我至今仍然不知道）喝到痛快；那些不做研究的日子，他可以醉到睡在地毯店的大門前打電話叫人把他接回家。意大利女生在巴塞羅那拉著我在亂打亂撞的情況下闖進別人的婚禮，比世界上任何一個人都要健談的她讓我們被請喝酒和跳舞一同慶祝；喝得滿的夜晚回到酒店後一手推開窗就從一樓吐到樓下餐廳簷篷，又醜又恐怖又嚇人，害我得先打個電話去服務台備案，說好一定會多付清潔費。我們的派對偶爾有年紀不輕的教授級人馬加入，不抽大麻的時候我們都在室內玩遊戲機，進行的是整個人都在動的體感遊戲；心境年輕、西裝筆挺的教授跟我們一起瘋狂耍樂，除了原地跑跟跳舞，更玩模擬結他。我們之間，真的沒有人在追求刺激，也沒有人為著需要刻意放鬆——我們本身就已經很laid-back很放鬆。

因為我說要去拿杯飲料，喚起了他們的口渴神經；抽完最後一口大麻之後我們全部人一併回到室內聊天。比利時女孩捧出在焗爐裡剛剛烤好的巧克力杯子蛋糕，我覺得肚子餓，一口氣吃了兩個，之後我拿了一杯酒攤在沙發上面。我指著某誰濃密的頭髮說「你像河童，雖然有頭髮但感覺上沒頭髮」，我覺得我眼裡看到的事物和我真正感受到的感受存在差異；期間我不斷笑，什麼都很好笑，無論是什麼我都笑。我笑著吃著派對上其他食物，直到覺得自己滿口都是泥。我特別想用灌的讓液體把食物強行沖入食道，可是嘴巴不聽話，一開一合極度困難。

我大概在沙發上用半躺的姿態坐著，他們在我周圍，有人把咕臣墊到我背脊和沙發之間懸空的三角空間。有人給我遞橙汁，我以為喝點東西會活得比較容易，但我一口泥巴的感覺絲毫沒有改變。橙汁還不知道有沒有被我喝進去。時間的流動速度在這一刻彷彿絕對地放慢（我不知道心理上變慢的時間比例是否如我當時感到的一模一樣），腦內的想法比較實際的人生要快得更多，身體對比起來更像是無法動彈的呆在原地。我知道自己口裡的是蛋糕，但卻彷彿不知道自己在吃什麼，是蛋糕嗎還是有其他東西抑或仍然只不過是蛋糕。我覺得心裡的海浪開始像搖籃，起錨揚帆外駛，我好像在搖來搖去，浪花四濺，我就只是不斷的搖來搖去。並不單是暈船的錯覺，而是我自己的腦袋開始使勁地發動——我可以一邊聽到其他人對話的內容，一邊聽到自己的心跳；遠方喇叭放出的曲目，每一句歌詞都好像寫到我的血管一樣清晰。

ake a long walk

我看到顏色的線條，
強烈的節拍，
眼睛裡面看到平日無法看到的東西，
我的五官的觸感似乎頃刻滿瀉，
瀉到身體其他部位。

開始的時候我覺得我要寫點什麼，因為我那洶湧澎湃的思緒來襲，腦袋裡面想到有很多值得寫下來的東西（遺憾都沒有寫下來）。腦袋天旋地轉，然後從高處急速下墮，我以為是我的身體，但後來發覺是我的心情，急—速—下—墮—。身體每個部位好像接二連三出狀況，搞得我七葷八素，舉步維艱。我是不是要人格分裂？身體一整個好熱，像被曬乾的海味。我心裡慢慢泛起一個念頭：「我現在竟然要變傻子，天啊，太失敗了，不能這樣，但我無法改變」，各種想法在蹌踉亂撞，恐懼從指尖開始蔓延到全身各個部位。我當時只覺得繼續陷下去說不定會瘋掉，但我無力對抗；像是處於被設計好的人生要在這個時刻被安排偏離軌道，快要觸礁，我的前路已經形同廢墟。我覺得全場的平均智商一下子被我拉下來了，我覺得我腦袋快要溶掉，變成一塊軟軟的棉花糖，所以我起身想要走到廁所，走上這段人生裡面我走過最漫長的路。我覺得自己彷彿在這裡滯留上三個星期，十足十在蒼穹浩瀚的太空漫遊的科幻片情節。然後我終於走到對面，抱住臉盤開始大吐特吐。不過就是極為普通嘔吐，但嘔吐物似乎花費了一堆氣力才被送到鋅盤。我吐完就去洗臉漱口，然後再吐，再洗臉漱口；我有一個錯覺，就是覺得自己會在嘔吐和洗臉漱口之間無限循環，從此再沒有走出來。頭昏眼花，惡性循環，我反應不過來、也無力回應。當時的我大概相信自己一輩子都會在這個差不多二百平方尺的浴室嘔吐和洗臉漱口，就這樣打發餘生。我在悲觀中竟然還有點由衷的覺得自己有種小確幸，因為有特別潔癖的挪威男生的浴室乾淨得四處發亮反光——至少我要是無限輪迴，也不至於在又醜又臭的地方。沒想到讓我感到痛苦的底線竟然這麼低，在這副淒慘的情況下仍然可以洋洋自得。

有些事情很難描述，但我隱約知道這是嗑了大麻蛋糕後的反應，也隱約知道是自己在不知情的情況下吃了不勝負荷的大劑量。反應愈來愈大，無法退出的感覺讓我愈陷愈深，只差沒有被黑暗吞噬（仍然在又光又亮的漂亮浴室），只是單純覺得腦子要壞掉，而且感到自己以後無法出來。我心裡覺得，大家不用到明天就會知道，從前這裡有個這樣的女生，在異地嗑大麻嗑瘋了。不知道會成為反面教材還是淪為笑柄，或者這就是新的一種客死異鄉吧。

我不知道他們是怎樣把我搬離開浴室，讓我平躺，著我嘗試慢慢的把身體放鬆（應該有這樣的想法但實際上不知道有沒有做出來）。但我還是極為負面地覺得自己在兜圈，陷在腦子深處的是各種飛快冒起的問題。我似乎以為自己當下領悟了所有的人生哲學（可是再沒有人會知道），靈魂卻因為被困在裡面不停運轉而無法回到現實。經過這種長時間的災難級折磨，我覺得自己似乎是吃了假的藍色藥丸。零碎的片段我在後面才慢慢記起，畢竟當時訊息量接收太大又無法輸出，爆炸性開放的觀感讓大腦當機，進入忘我境界。我整個人好像被一塊深色的氣團圍住，無法動彈。後來我是怎樣離開讓我萬劫不復的浴室，我都記不起來；在半夢半醒間，外邊漫天雪地，我像在沒有風的大海中心載浮載沉；我該醒來了嗎？眼睛緩緩張開，醒來的時候我不知道自己到底睡了多久，一整個飢腸轆轆。

太陽曬在被單的味道讓我感到非常安全舒服，是心情愉悅的味道；我嘗試在腦袋裡面確認剛過去二十四小時發生的所有事情。嘗試左右上下轉動我的頸子，檢查發現一切正常，虛驚一場，我仍然是好端端，腦子也似乎並沒有因此而壞掉。我當時以為自己會有巨大的心靈創傷或是留下什麼不解陰影，但相當乏味的結果是下次派對裡面的我還是一樣的優哉游哉，還是一樣期待比利時女孩做的巧克力杯子蛋糕。心生驚恐的往日舊事再無發生，不過還是有一次睡到半夜因為大麻作用反應爬起來吐。我有想過或者我以後嗅到大麻味道都要避開遠走，或是對這種味道厭惡到不得了，甚或這種味道會讓我變得焦慮。結果什麼都沒發生，反倒是在那個半夜起床想要吐的剎那噗通一聲，覺得自己真的不負少年輕狂，瞬間豁然開朗，心靈堅不可摧，就連沒有的心理病都醫好了。

***

「人生10%是什麼事發生在你身上，90%是你選擇用什麼態度面對。」暗渡陳倉，吃過假的藍色藥丸以後，我的理性部分說服了我的感性部分，讓我得以對自己人生的想法有些微改觀——是時候誠實面對每一種感受。

總算在年少氣盛、大悲大喜地遊歷過梵高以後，使盡渾身解數終於找到了自己心裡老實的林布蘭。現實中的林布蘭銅像豎立在萊頓上大學的人都會到過的地方，彷彿他畫裡的光影明暗是教人分辨是非黑白的原形。他畫布裡面每個年青堅定熱血的眼神，或是壯年面對困難努力奮戰的樣子，他們的意志通通留芳百世超越時空。

我知道要是我想裝成優雅的女孩，在提及荷蘭的時候就應該要用上*The Girl with Pearl Earrings*以便開拓一片溫文儒雅的畫面。裡面溫婉舒服的明亮配色大概可以直接讓我和荷蘭的感情變得更加高貴、更加高級。可是，我還是成為了用自己內心分割明亮黑白的林布蘭，以及心靈搖顫不穩的梵高。

離開荷蘭以前我逛了很多偏僻的美術館，看了很多名氣不大的梵高藏品，我陷入了沉默；在離開萊頓的時候，我在心裡輕輕地跟林布蘭銅像揮手說句 ciao ciao 道別，好像又重新振作起來。這些牽引著人生不同事件的線總會在某個時候被拉斷，差的就只有時間的次序和對應的心態。就像芥川龍之介在東京墨田區的文學碑上刻著的《杜子春》的一句，意思大概是這樣：「不管當上怎樣的一個人，我都打算要作一個真實的人過上真實的生活。然後想像眼前有一道直達自己內心的門，用力推開之後，直接找到真實的自己。」

003 移動期

我們大部分時間總是聊著彼此正在看的書，或者是想要看的書，有一句沒一句的把書、電影、作者、劇集和導演東一點西一點的聊起，卻又自然滲透到生活的其他地方去。當時我們一個讀著大衛．林區的《在夢中》一個讀著*Room to Dream*，雙方大概各自在不同時間讀完這部書，完成之後我嘗試把《迷離劫》從頭看一遍，不過太難了。美劇太霸道，集數太多，總時數太長；想要一鼓作氣完成幾季連續劇對我來說有點太勉強，我很快又退回去幹其他的事情。比方說，重新再看一次《穆荷蘭大道》。我認為活著就像那個男人嘗試繞到餐廳後那面牆去看那不知道會不會出現的鬼影，或是女主角在床邊用鎖匙打開藍色盒子想要揭開裡面隱密神秘的答案；在我看來這些都是提起一份勇氣向前的機遇，就像有時候我想要出發到一個我從未到過的地方，目的就是要看一下那裡會有什麼。

***

我從火車裡面透過車窗看出去，我看到自己的倒影——我一個人盤著腿，旁邊是一條香蕉、一份特濃咖啡和一塊巧克力；我在車卡裡面聽著火車行走的聲音——那些因為氣壓急速變化產生出的空氣流動聲音。我的眼神直愣愣，一直眺望外邊無盡的樹林發呆。我會想這個世界上是不是偶爾會有人走進樹林，一個人走到中間，意外地分不清方向或是體力不支暈倒在內，然後永遠消失。雖然樹林看起來打理得非常整齊，但樹林的密度太高了，應該沒有人會跑去那裡看看有沒有誰需要幫忙，甚至在正常情況下沒有人會走到那裡。當我正在考慮樹林裡面會不會埋藏住巨大秘密的時候，列車就駛到樹林的邊沿，眼前隨即變成一大平原，有十幾頭黑白乳牛在草地上面休息。

我偶爾看書累了就看窗，把窗看膩了就鬆開髮圈倚著車窗閉目養神，有時睡上幾分鐘，或是十幾分鐘。人群穿梭於走廊前往餐卡或洗手間會發出聲音、進出的乘客的行李偶爾會碰到我的膝蓋；我總是會忽然被外間的刺激驚醒。夢境被活生生搖破之後，我醒來又從睡前讀到的最尾一句開始把手中的書繼續讀下去。一個人由這裡走到那裡，冗長的火車旅程，這讓我想到了奧古斯塔斯·利奧波德·艾格的那幅 *The Travelling Companions*，漫漫長路我的旅伴是同樣上路的人——也是我自己。

或者就是從那個時候開始，我發現自己對別人如何使用在車廂裡面的時間非常感興趣，一個人如何安放他的公事包和行李、怎樣收拾摺疊他的圍巾、怎樣掛起他的外套都讓我十分好奇。誰上車先找充電插頭位置，誰拿著報紙和怎樣的咖啡，誰拿著由洗衣店洗熨好的西裝連衣架上車；在這裡，我可以憑藉一程車去認識一個人。然而這一切都不消耗腦袋裡面的任何位置，因為只要我們當中誰下了車，一切便煙消雲散。

我要在阿姆斯特丹的火車站換車。我靠在車廂大門附近的位置等待車門打開，火車停泊之前斷斷續續慢駛，在停與駛之間，站在我對面背靠另一邊車門的男生因此滑掉了手機。手機從火車的樓梯翻筋斗整整三次，像奧運跳水選手日夜鍛鍊的高難度動作，從十米高台跳出一個難度系數四點一的向前翻騰四周半屈體。我們各自伸出手想要拯救即將要飛墮地面的手機，千鈞一發的情急之間沒有誰的動作比較敏捷，手機還是「呯」一聲不幸著地。手機和手機保護殼以迅雷不及掩耳的速度一分為二。火車門荒謬地決定同一時間打開，剛好讓它最重要的主體溜過門邊掉到火車路軌上。突發的起跳、周密細緻的平衡能力、飄逸超脫的騰空、敏捷入水完美穩壓水花、揉水的技術；每一個細節都影響整體成敗。跳水重點在於「打開的時機」，如同這裡一樣，這場小意外在乎的是車門打開的時機。肇事男生驚魂未定、一臉驚慌惶恐，彷彿身體某個部分被戳破一樣手足無措。回過神來後，我走出車廂，箭步想要找到同

Take a long walk

樣剛下車的火車職員。由於出事的位置就是近在第一卡車，我毫不費勁就找到穿著制服的職員，他看起來是應該就是火車駕駛員，我立即用破爛的荷語對他說明當時的情況。

「你好，不好意思，有誰，手機，路軌，掉了，我們，不能，拿回；你會有可以幫忙的辦法嗎？」

大概是這樣。

火車駕駛員之所以明白發生什麼事，很大程度是因為讀懂我們的身體語言——焦急地看著路軌。他向著遠方同樣穿制服的工作人員揮了一下手示意，臉上露出微笑（絲毫沒有被我們心急焦躁的狀態影響），似乎讓對方讀懂這並不是什麼危險狀況；然後不知從哪裡找來一支可以伸縮同時末端有勾抓的小棒，靈活的用工具把手機一下一下的挑，看起來就像操控遊戲杆純熟又流暢地玩模擬遊戲那樣。直到手機被挑到車頭的前面，肉眼隨便就可以看到的地方，他就用雙手拉起兩邊褲管，轉身一躍跳到路軌，敏捷地把手機拾起，然後用兩臂支撐自己的上半身，奮力一跳，又再把身體帶回月台。看起來擁有十八般武藝的火車駕駛員只不過帶住一副普通身材，甚至乎不會有誰覺得他是定期去健身室做重力訓練的類型，但肩膀夠寬，跳落路軌或是從路軌引體向上往返月台需要動用到的肌肉他全部都有，那種熟練的姿態像訓練有素的運動員。駕駛員笑意盈盈的遞上手機，男生尷尬地用破爛的荷語致謝並希望火車沒有因此延誤太多。我隨即也表示不好意思，在無考慮之下忽然把他從工作中截停，希望這樣並沒有冒犯到他。他不明所以地咧嘴笑得開懷，一副管它什麼時間表的模樣。我們揮手道別，三人各自繼續自己的日程，向三個不同方向前進。

除了偶爾發生這種鳥事，其餘時間的火車路途都是彼此分別孤寂地度過。當年在那像無限長的車程裡面，我一直被荷蘭火車公司折磨，尤其是在我和火車之間還未培養出良好相處關係的開初，我甚至曾經覺得荷蘭的火車相當無賴（後來我多受他們的關顧，而事實上荷蘭火車的準時性和手機應用程式的完美指示直到目前為止仍然在我心目中站在世界第一的位置）。那個曾經被我說成害人不淺的五小時來回大學車程都是由他們的火車把我安全送抵目的地，把我安全的送回家；可是也是它任由我的意志在路上被所有突發事情消磨殆盡。每次因為冰點溫度（或是有人跳軌這些經常發生但必須隱晦表達的事故）而必然發生的超長時間誤點都無可避免的在我身上砍上一刀，只消半個冬天，我的心就被它劈得傷痕累累。

上大學的日子我在緊貼著德國邊境的恩斯赫德出發，坐上全程接近三小時的火車搖搖晃

Take a long walk

晃的前往二百公里以外的萊頓。萊頓大學的位置跟火車站的距離很接近，下雪的日子，徒步一公里約十分鐘的腳程就可以從一個室內走進另一個室內。要是下車後腸胃冷冰冰的，還可以在路邊搶眼的美食車買來又暖又甜的Oliebollen當早餐（這種類似港式沙翁的荷蘭版甜甜圈，剛炸起來的時候最好吃，放涼了就會變硬）。當時的我認為這趟路程上揮灑的光陰已趨近可以接受的上限，偶爾還因此感到非常迷惘，為什麼要選擇這種來回超過五小時困在車廂的生活方式？但後來的我卻慢慢對此產生莫名其妙的好感，我想這可能就是「過去」最神奇的地方——當時覺得極度痛苦的事情，往後回看毫不為難之餘還竟然滿有趣味。有些事情就是這樣，到底是痛苦還是喜歡，這都是沒有到達最後無法分辨清楚的東西之一。

與荷蘭的火車建立關係需要花費非一般的時間，面對試煉還必須帶點包容。我一身乘搭火車的學問都是用皮開肉綻的創傷學回來，有時候我接連喝兩杯咖啡，以一臉困惑刷出一身遍體鱗傷，直到身心俱疲才能掌握轉乘時的實際操作細節。就像新手踏入美股戰場，在賺到碰運氣以外的錢，都必須埋頭一段時間去感受股價的上落才能說得上哪個時候是高位哪個時候是低位；股票市場除了技術的運用和理論認知以外，也涉及心理層面；然而在荷蘭這一搭火車的藝術，講求的也是我對自己心理層面的調整。這得首先放下香港鐵路的班次密度、轉換方式、月台狀況、車站出口指示以及不同班次的車卡長度上的認知，用一把新的尺為它換上新的水平——我先要學懂放下用香港慣用的態度看歐洲。

***

我當時就坐在自己的座位上嘗試理解車廂廣播的意思。這不同於平日到站的提示，我可以感覺到那是特別的通知。廣播提及這個車站的名字、幾組數目字、這輛列車的目的地、以及還有幾多分鐘列車就再次開動等等的訊息。當時我的荷語只處於在市集買東西可以聽到價錢、說多謝、回答要不要膠袋、是不是會員等的程度；極其量只能充當基本交流。面對火車駕駛員隔著沙啞的擴音喇叭發言的這個困境，我的理解能力再大減五十個巴仙。我當時發現聽得懂數目字的實際用途不大，聽得懂數目字卻不理解整體意思，彷彿就像在學校課程裡面沒有教育如何梳理情緒、面對生死等等一樣，只是硬邦邦學著生活和職場上沒有特殊用途的基本知識。面對那組數字，我毫無頭緒。當時如果有誰在外邊看著我，應該可以看到我的耳朵像狗一樣豎起，嘗試在身體不動分毫的姿態下接收最清晰的訊號。我腦海裡就只有混亂與猶豫，忽然之間不知從哪裡發出「咚咚」兩聲，把我拉回現實。可是事情永遠在我未能全盤掌握的情況下，就開始以奇怪的方式發展出我意料之外的後續。

Take a long walk

在火車坐上順座的我對於一直高速前進的火車到站後突然倒退往後折返感到不明所以，十分鐘過後列車再次進入月台。我努力透過車窗觀看月台，嘗試尋找月台上寫著站名的地方。雖然我認為這個車站的名字我似乎就已經看過了，可是我始終不確定剛才路過的車站是不是就是眼前我所看到月台上面的那個名字。反正我本身從順座一下子變成逆座，應該就是火車倒駛了吧？我有這樣的警覺。抑或是我把書讀得太投入，記不起自己本來就是坐在逆座？我同時有這種迷惘。

縱然我不知道火車的下一個站是哪個地方，但至少已經強烈感到它已經不再朝著我想要它到達的那個地方前進。我環顧四周，雖然並不能確定誰一直在車上，誰剛剛上車，但我決定隨便找個人開口發問：「不好意思，可以給我翻譯一下，先前車長那段廣播的內容是什麼嗎？」

她好像不知道我的問題是問什麼。這其實已經是在說幾公里或是幾十公里之前的事，差不多相隔十五分鐘；這十五分鐘裡面還有夾雜到站提示，難怪她不知道我指的廣播是哪一段。畢竟我也開始混亂到不知道自己在說什麼。

我用疑惑的眼神看著她，而她不知道我什麼都不知道。

「啊！」她忽然好像想到什麼一樣叫了出來。

「你是想要去○○，對不對？」

我用力點頭。

「這輛火車現在……」剛好旁邊有另一列火車經過，我什麼都聽不見。

後來我知道這列火車的目的地已經轉換成我本來的出發地，也就是說我在中途被火車原路折返。到底我應該找個點下車繼續找方法前往目的地，還是帶著不甘心情願的心情接受這個行程已經告吹，老實的回程去？我內心為此掙扎得沸沸揚揚。由外人證實了窗外倒過來上映的是剛才向前滑動的畫面，我內心晴天霹靂，頃刻變成了音樂錄像帶的主角，任由命運讓我倒帶回去。我覺得自己有點滑稽，在乘上接近一小時火車往目的地的半途被狠狠的退回起點。我一心只想罵最髒的髒話，但罵誰呢？向哪裡罵呢？窗外？目的地？折返回去的出發地？抑或是我自己。

我現在終於知道剛才「咚咚」的兩聲是連接火車車卡的金屬扣環被分開的聲音，鐵環被打開之後，火車就正式被分割為兩個部分分道揚鑣。前半段繼續前進，後半段則駛向另一個目的地（可以是一個新的目的地，也可以是原路折返）。這是我在乘上這種「分裂火車」之前完全不知道的事。我的心境一瞬間從窗內看大世界的期盼變成困在盒子裡被觀賞的人，覺得剛上車的人全部都知道就只有我一個人被原路折返，活像被拒絕入境的人或是錯送的信件——被硬生生的退回去。

我忽然想到在香港西鐵線由尖東站往紅磡總站坐過去，再等待地鐵折返到荃灣西的上班族，他們只求拿穩一個座位而不介意坐短程到總站調頭。而我甚至沒有找到半個像樣的藉口。不過沒關係，其實沒人留意。只是我當時太年輕，以為世界都是繞住我，生怕大家覺得這個乘客很奇怪。心裡想著或者有誰在看著我像個傻子一樣被命運倒流，當然，事實上並沒有誰。

這其實可以理解為我一廂情願用自己的方式去解讀荷蘭的火車運作，但痛苦的教訓吃過一次就夠，所以我一直告誡自己需要謹慎而不能心存僥倖。後來我跟班上的同學聊到「分裂火車」才知道這種事在他們的世界看來是平常不過的運作方式。「所以這種列車特別長，月台上面還會分成A、B、C段。」她們的解釋似乎暴露了我對世界的無知。火車一卡一卡接得這麼長，都有其特別原因。「要不然為什麼要接上這麼長的列車？」大概有誰差點就要說出這麼的一句話，但看在我悲慘遭遇的份兒，還是吞回肚子裡去。

我把「咚咚」兩聲認穩，這是在火車上能夠聽到改變命運的金屬聲音。

充滿意外的人生和火車轟隆之間，幸運之神都沒有找到我，尤其是在鳥不生蛋的地方，我的霉味還要被最大化。那些分隔接近將近一整個小時的車站，或是設計上在盛夏採光良好卻未能照顧冬日使用需要的半露天式火車月台，在下大雪的日子，總是在這種奇怪的地方等不到列車駛進來或是迎上了超長時間的誤點，頻密程度大概每星期一次，有時候兩次。

站在寒風刺骨的月台等待下一班列車的日子往往都是日照最短促的日子，缺乏維他命D令人失去理智，我把列車時間表像看標本一樣仔細參詳，可是無論怎樣看都不能讓火車按班次準時出現，只能在心裡抱上一輩子的怨。「Jeetje!」成為月台上被火車遺下的孤兒搭客互相取暖的打招呼用語；即使大雪從四面八方隨著風鑽進月台的每個角落，大家都表現得相當輕鬆，面對阻滯都顯得相當寬容，好像不過是被蚊子叮到一下似的，不痛不癢。彷彿好像知道有電視台在暗角偷拍期待大家暴露醜態，所以誰都沒有出醜，抱怨的大概就只有我——只有我一個。

在勉強才剛好沒冷到的月台等了好久，好像在試新鞋子一樣來來回回踱步，盯著天花板出神，覺得鼻尖快要結冰；沒有什麼比無所事事等待時間過去更難受了。很多時候，再次回到車上已經是兩小時之後的事。但每一次在火車開動的剎那，不知道是誰總會先開始為著「終於有火車回家」而帶領群眾唱歌拍手歡呼；就像以前乘搭歐洲內陸機，尤其是在哥本哈根等北歐地方著陸，大家在降落後慣性鼓掌歡呼一樣。不同的是這不是到達的完場掌聲，而是開場的慶祝序幕；這場派對活像荷蘭隊進入了世界盃決賽；剛才我那無處發洩的焦躁好像忽然煙消雲散，沒有在心裡留下任何痕跡。一陣陣「我們真是非常幸福」的感覺流過車廂，窗戶間透進半絲免費的陽光，我們在車廂裡面興高采烈得像在炎炎夏日吃西瓜一樣暢快。車窗外邊廣寬的荒野和在日照之下比原本顏色變得淺上一度的樹林的安靜與我們形成了強大對比。頓刻間我覺得自己在香港一直活得非常惆悵，「路軌被阻？我們就在車上開派對！」、「火車沒來？就認識幾個新朋友！」。誰都不慌不忙，就像沒有任何事比保護自己的良好心情更為重要。

***

有一段日子，我的拖延症發作，電話不接、訊息不讀不回、一直對外邊的人充耳不聞。

我沒有去考究到底哪件事是觸發點，我只是把自己石沉大海。我甚至不需要找一個冠冕堂皇的理由，只是無緣由的讓他們成為無辦法把我找到的人。直到我想起了我在火車上過生活的這段日子，想起了茂密的樹林、遼闊的平原、荷蘭人毫不著急也不生氣的態度。這些種種都讓我重新審視自己體內的劣根性，我為什麼要把昨天的事拖到明天？我為什麼要做這些令人困惑的行為？為什麼不改變自己的德性、好好準備新的心情去看一下明天會有什麼？我牢牢把荷蘭人這種樂天態度的形狀記錄下來，在腦袋一直重溫：那些車廂裡面自在暢快的人、那些月台上面對列車誤點泰然自若的人；我將他們一個又一個複製貼上，再任由它們細胞分裂填滿我的腦袋深處讓我仔細參詳。我想要獲得這種從容不迫。戒掉了拖延症以後，我又回復成為一個極度正常的人，不同的是我現在隨時隨地優先關顧自己的心情。順利嗎？我問自己。不順利的時間比較多，但有時還是順利的，順利把自己的好情緒放在最值得保留的位置。

我的青春歲月在荷蘭吃著最正能量的養分，以至現在在任何場合談及人們各種奇怪的想法和自由開放的精神的時候，我還是會對荷蘭泛起最大的愛慕。縱使不願意，但我必須承認，當時每星期至少一次因大雪延誤的痛苦經歷的確成為我人生最糟糕的事情之一，但這種程度的糟糕只是年少氣盛的我對世界的怨恨，光眼看著三小時的車程一不小心變成四小時或五小時的驚嚇讓我被雪花濺得一身痛苦萬分。（最天意弄人的是，火車誤點的程度完全蓋過課堂時數，我只好收拾心情在未到目的地的情況下打道回府，來回遊上幾百公里的火車之旅。）

往後我都把這段日子稱作我的「移動期」。

「移動期」讓我變成一塊海綿；一星期三天，每天兩次，每次來回各三小時的火車車程從四處吸收各種養分。「移動期」是我這輩子讀書最多的日子，而大部分覺得好看又獲得啟發的書都是靠這個時候不斷的讀回來。在天空黑得深不可測的冬日下午，我在轟隆轟隆的火車上讀愛倫坡，到站後車門開合傳來外面的寒流加深半世紀以前的驚悚。那個時候的我確確實實把閱讀當成我的安慰劑，就像生氣時用吃來療癒自己心情的人一樣。

沉思片刻，我發現自己老是尷尬地受著荷蘭火車公司和荷蘭人的熱情恩惠。我想起自己曾經沒帶錢包（當然也包括學生乘車證）就跳上火車，直到半個小時後遇上查票員才想起。他笑著說與其回去拿錢包不如繼續坐到學校，他大膽向我保證，回程時若然遇上另一位查票員，他們定必都會像他一樣放我一馬，任由我坐「霸王火車」回家。如果有機會，我想再跟你聊我的火車炸彈事件以及我從異國繞道跨境乘我最愛的荷蘭火車回家那快樂（又慘痛）的回憶。我沒想到後來的自己對過去各種被拖垮的日子，留下的竟然是興奮又回味的記憶（唯獨沒有半點怨懟和憎惡）。地球照樣繼續單調地旋轉，只是從後回看我更是覺得這個時期彌足珍貴——是我最不可多得的回憶。

現在我努力把人生活得像延長放大版的移動期。我把人生的路看成為一場大型散步現場，在穿山越嶺之間除了尋找最好的同伴，也陪伴著我自己。花更多時間看更多的書，用不同的心情面對各種誤點和大意的自己，把光陰花在喜歡的地方，看著自己慢慢老去；一直一直的走往更多更遠的地方。就像奧古斯塔斯．利奧波德．艾格在晚年為著哮喘的身體頻繁地從英國乘坐火車到南法。而我呢，我想抓住移動的優勢，嘗試更用力的活著，更用力的闖到世界的每個角落，就是為了帶著期待的打開雙眼，朝目的地邁進。畢竟晚點的火車就只是晚點的火車，被倒回頭的列車也只是被倒回頭的列車而已。我不應該拘泥於那些對人生絲毫無損的小事。那些東西都不過像夏天的雨水，雖然嘩啦嘩啦的沾濕了每個角落，但很快就會蒸發消去。我不如用移動的過程來收集世上的各種美好，調整出更優秀的自己來準備看一下明天我的眼前會有什麼。或者，我有一天會收拾心情從頭看一次《迷離劫》，等著看裡面會有什麼發生。

Take a long walk

004 轉換跑道

我和飛機之間，永遠維持著相愛相殺的關係。

說到起飛前所遇到的阻滯，我根本就司空見慣，鬥倒霉這回事要是冠軍拿不到，季軍都非我莫屬。有一次在筑波，日本刮起我不了解的颱風級別，電視畫面裡面是泊岸水花拍出驚人的高度，戶外記者在強風下盡量抓住欄杆穩住自己的身體。酒店外邊偶爾傳來呼呼的巨響，我心裡覺得好恐怖，覺得這是我這輩子裡面遇過最強的風，腦內幻想的是街邊的單車被吹起跌翻，或是路牌被吹掉撞到某個地方之類的畫面。我深呼吸一口氣，勇敢拉起落地玻璃的長窗簾，整個畫面平靜非常，看不到垃圾飛揚，也沒有任何一塊報紙在半空翻騰，只有樹幹的樹枝部分見證風力強大的程度；有一節被吹斷的樹枝從右邊飛到左邊看不見的地方，畫面隨後又再次回復平靜。巨響似乎來自窗戶之外那個看不到的地方。那一夜我沒有睡，總覺得外邊不知道吹倒了什麼，害怕玻璃碎裂，也擔心明早的飛機無法起飛。

最後我乘上平生以來所乘搭過最擠迫的列車直達成田機場，車廂裡面擠得比任何一種分子結構要更密集，看起來氧氣要被暴力瓜分的模樣，可是外邊一片風和日麗，太陽明亮照人，跟昨晚完全相反。「在風眼裡面是這樣的。」不知道哪個誰在車廂裡面這樣說明當時的情況，外邊平靜得帶點虛偽。飽歷滄桑之後，我在成田機場滯留了一段可以說是比一般天氣問題延誤相對來說比較短的時間，安靜地吃著拉麵等待天氣回復到能夠起飛的狀態。

另一次香港懸掛九號風球，前往機場的大橋搖晃不定。我感受到車身被強風吹動，縱使不是整輛車被吹到白色虛線的另一邊，但還得要拿穩軚盤，下意識用雙手使勁地保持力度才可以繼續在被吹至顫動不止的大橋上面行駛。我乘搭的是整個機場裡面唯一一班決定不延誤直接起飛的航班，這種驚人的舉措來自荷蘭航空對自己信心的肯定（後來有一次荷蘭航空更在香港十號風球之下成為唯一一班決定並成功降落的航班）。我對荷蘭航空的愛恨生成，可以說是從這裡開始。

我想先說恨的部分。就在第二或第三次乘搭荷蘭航空，就已經讓我心生怨恨，當時我從阿姆斯特丹史基浦機場出發，航班很平常地超賣，全機爆滿，好不擠擁。我坐在飛機的右側，旁邊是窗戶，往外可以看到機翼，當時我把腿放到最直，心裡想著：「啊，能夠坐在這個位置真好。」平日的我習慣在飛機起飛到半空以前就進入睡眠狀態，不過那一天無論我怎樣也睡不著。飛機開始慢駛、進入待飛狀態，對我來說就是最好的搖籃，是入睡的最好機會；基本上萬試萬靈絕無失誤，就唯獨這一次例外。我睡眼惺忪的進入疲憊不堪的狀態，此時我看到一隻一隻棕黑色的昆蟲從白色窗框的邊緣爬到玻璃窗上面去，每一隻的大小等同一顆米的尺寸，目測牠們是爬行式的昆蟲，因為我沒有看到翅膀。從白色背景走到透明玻璃背景，一隻一隻好像在眼前逐一消失一樣，但只要集中精神，就可以看到牠們慢慢分開，分佈整片玻璃窗，佔領各個位置。眼見數目愈來愈多，漸漸覺得噁心起來（我本來就對昆蟲沒有好感）。出於謹慎，我以不影響旁邊乘客的方式、小心翼翼的側著身，生怕一隻隻小昆蟲會從兩層玻璃窗之間爬出來。我不知道有沒有可能，但基於考慮到牠們可以從外邊爬進去超級繁殖，倒是覺得牠們會找到可以逃出來的隙罅。

飛機慢慢起飛，可能是聲音問題，也可能是氣壓問題，黑色小點愈來愈多。我被安全帶困住不能動彈，只好默默把眼光移到其他地方坐以待斃。我把目光放在頭頂上面的行李架，結果卻在上面發現一隻正在爬行的蟑螂，尺寸雖然還不算太大，可是也算不上小。大概就是我的雙眼向來就對光特別敏感（我的雙眼一直都總是對微小的動靜特別有反應），環顧四周，就好像只有我一個人發現了牠。「肉隨砧板上」大概就是這個意思罷，我即將還有十三個半小時要被困在機艙裡面，我充其量可以到走廊漫無目的地踱步，但我總不能一直在走廊走來走去。或者是我神色不對的狀況太過明顯，身邊的男生忽然開口問我要不要互相調轉位置。他還打趣的指著小昆蟲們跟我說：「小時候的你都不玩這個的嗎？」

我內心的恐懼情感其實對他毫無影響，他大可以在碰巧發現了之後裝成看不見，大家都不過是十幾個小時的邊鄰，他大可以就這樣不了了之。可能他看到我年紀小，覺得必須忍辱負重的擔上一個保護青少年的任務。他解開安全帶站起來跟我互換位置。我和昆蟲們即便擁有多六十厘米的距離，也不覺得變得安全很多，但當中隔上一個人，心裡就感覺踏實了。至少有什麼要襲來前，我都有一個知道正在發生什麼事並會跟我共同進退的同路人。我拿著手上厚厚的書繼續讀下去，每隔一些時間（就是心裡感到不安的時候）我就會把目光轉向玻璃窗的位置，看到蟲子還在玻璃與玻璃之間，瞬間讓我感到稍為安心。目光轉向之間，我發現鄰座的他的大腿和小腿擠迫地屈曲著，才乍然知道剛才我可以把腳伸得直直是因為我長得比較矮小，他給我換的是他額外加錢買來的伸腿空間座位。我當下嚇得連忙說抱歉，並指可以立即換回去。他搖搖頭說已經習慣了蟲子在眼邊爬來爬去，我讓他把腿打斜伸到我的座位前方，因為那片多出來的空白我根本用不上。結果這名才不過比我年長五年的男子，在傾著身子和不傾著身子之間過度了十多個小時。

我為著自己的怯懦感到無比內疚。

這次之後，我再乘坐荷蘭航空已經是好多年後的事。那次我乘上的是被指帶有恐怖襲擊炸彈（由德國開出）的火車前往阿姆斯特丹史基浦機場的命定時刻。火車駕駛員以廣播通知火車已經被警方叫停，並且需要立即停在半路之間，就是無論從哪個角度看過去都是茫茫荒野的那種半路之間，火車就硬生生的停下來了。特警隊出現之後把乘客全部帶離車廂，大家在真真正正的 middle of nowhere 排著隊，逐一在只有露出雙眼的特警目光下脫離嫌疑，才可以離開。離開的隊伍有一前往機場的小組，有誰從火車公司那邊叫來了接送的的士，把我們從不知名的地方送去機場。越過一大片草地，穿梭過不知名的地方之後，我終於看到建築物和文明。當時我要乘搭的航班已經飛走了（有些人趕得上自己的航班），然後火車公司的人要駕車回去，又順道好心的把我送回家。我知道要是當時沒有湊巧碰到這個前往機場的小組，我就很可能無助地獨自尋找到機場的辦法，在錯過航班之後又要獨自考慮是否在累得接近虛脫的情況下折返回家還是找個酒店睡一個夜晚。

我睡在自己的床上、一整個身體沉在裡面，想著剛才回家後立即買下的另一張翌日出發的機票，想像著明天可以用最折衷的方法離開。這一日來回超過三百公里的糾纏，卻毫無作功返回原地，障礙重重的旅程讓我已經無法對可能發生的恐怖襲擊作出任何多餘的反應，心裡只有「警察說有收到的恐襲炸彈都沒有爆炸，太幸運了，那麼我先睡覺。」這種平淡總結。房間慢慢地完全陷入黑夜裡面，我就這樣平安過渡這瘋狂的一天。

我再次選上被天氣影響而不能起飛的航班是在阿姆斯特丹，我當時正需要從史基浦機場轉機回到德國漢堡。整個機場沒有任何一班航機選擇在惡劣天氣下起飛，因此幾乎全部在場的人類都在一瞬間變成失控的瘋子，到處咒罵、四處發狂。他們可能以為這樣就可以獲得最新班次狀況，或是排解心裡的某種怨恨。事實上誰都沒有辦法獲得那尚未被決定的事情的資訊，因為它們還未存在，不過對於被卡在機場無法進出的人來說，這樣毫不重要。機場一整個水泄不通，畫面又醜又慘，瀰漫著該死的怨氣，偶爾還聽到各種瘋狂的謾罵聲。

進入貴賓室的通道大排長龍（無論有沒有貴賓身份資格的人都嘗試擠進裡面去），機場裡面唯一的酒店一早就被最早停航的那幾班航班的乘客訂滿了，唯一可以休息的地方就是各個公共空間的座椅；開始有人睡在地板上面，面對那樣不舒服的硬地板，他們好像毫不介意。而我則把自己的背包抱著胸前，把頭放在上面，嘗試釋放肩頸的疲勞。每個人休息的姿勢都帶點戒備，似乎都怕一下子睡得太沉，就會丟失重要財物的那樣。

Take a long walk

終於等到清晨六點，天光泛白之後，荷蘭航空公司對我們開出最不可思議的提案：請你們自行坐火車跨境前往漢堡。

當下大部分人瞬間崩潰。有人想要投訴，有人拒絕，有人堅持要等下一班未知哪個時候會出現的航班，有人急著爭取用餐費、酒店住宿等等的補償，甚至有人大聲叫嚷。我思考了兩分鐘，就立即答應——我只想逃離這片憂怨的森林。我當時一心只想著要離開，無論怎樣歷盡艱辛、攀山涉水穿山越嶺都想要離開這個混亂的機場，不想要被負能量包圍空等浪費人生。航空公司立即給我一張紙，這張紙是一張非常簡陋的換領信，憑這封信可以直接從火車公司的櫃檯領到前往漢堡的火車票；另外，他們也讓我在機場任何一個電子櫃位憑護照領取飲食補償卷。

一個挪威女孩拍了我肩膀兩下，說這是她第一次前往德國，而且自己也從來沒有到過荷蘭，問我介不介意一起乘火車去漢堡。看來我那被荷蘭火車公司威迫練成那操作純熟的姿態終於大派用場，長時間浸淫出來的超班轉換技術終於有機會發揮作用，我堅定自信的眼神終於在某個時間點成功成為了別人迷惘時的依靠。多餘的行李由航空公司在稍後時間送到漢堡，我們兩個只揹著隨身行李輕鬆出發，離開機場前在電子櫃位拿下了飲食補償卷，用來買麵包、咖啡、果汁和芝士蛋糕。從機場出來，我憑記憶找到火車的票務櫃位，換到兩張火車票。票務員指這張票是頭等車票，可以使用包廂，然後跟我們說明下一班火車的出發時間。我反射動作似的找到了火車出發的月台，這趟火車根本就是當年往返大學的主要航線，這段路程的記憶根本就刻在我的骨頭裡面，不同的是，這次要坐得更遠。我們就這樣由阿姆斯特丹史基浦機場換乘四次火車順利到達德國漢堡，沒有遇上任何延誤或阻滯，每一次換乘都安全又順利。在途上我們暢所欲言，成為了對方生命裡面整整六個小時的快樂旅伴。

路途上火車外邊一樣陽光普照風光如畫，我心裡浮現出過去的畫面，對她說：「以前就聽說，在風眼裡面就是這個樣子。」

這一趟突如其來的公路旅行、一個臨時組隊的挪威少女，算是荷蘭航空給我一個特別機會得以重溫以往的通勤回憶。「在行走中我們失去了很多，失去的往往又成了財富。」當時的我在腦袋裡一直來來回回揮之不去的就是北島的這一句——其實北島在《青燈》裡面寫下的，都恰到好處的藏住了各種流浪人生的靈魂輪廓和形狀。我們把這一漫長的突發旅程用來互相認識，發現大家年齡相差很小，出生的月分也相差很小，就在彼此因為太過疲倦需要坐著入睡以前就先把自己的人生說上一遍。

火車駛進漢堡火車站，我們暫時同行的緣分就隨即完結。剛剛在火車上徹底認識了一個人，熟悉到倚著對方的肩膀睡覺，在車站揮手道別，然後相信眼前萍水相逢的這個人這一輩子大概就永遠不會再見。我在扶手電梯看著她直到最後一秒，這場短暫的相遇讓我想起自己曾經是怎樣徹徹底底的完全失去一個人。

***

OO離世那年，我穿著米色Converse布鞋前往出殯場所，家中的長輩說我的布鞋上面有一道亮眼的紅圈，著我換上另一雙。「換上另一雙鞋對這個結果又能有什麼分別？」我只記得當時過於年輕的自己這麼說過，但都沒記得那天夜晚是怎麼度過。

我要如何跟已經離開這個世界的人道別？跟一副軀體道別又是什麼意思？我就連跟活生生的人道別都做不到，怎去跟一個死去的人告別？我只記得那個還沒成年的自己在那天幾乎都沒有哭，聘請回來做法事的人或是冠上什麼特別身份的工作者在演奏我從未聽過的音樂。我隱約記得有一道紙造的拱橋，有個穿著道士袍的男人在我眼前跳來跳去，匆匆過了一個早上、一個下午和一個夜晚。事實上我的大腦裡面藏住的連貫畫面只有我走出家門到電梯前面按下按鍵等待電梯到來的畫面，然後就截斷了——就像信號被中止的一樣。我的確完全失去入黑之後的所有記憶，不管我怎樣用力地回想，仍然無法憶起當天晚上的任何事情。是不是我身體裡面控制傷心的機制讓我自動刪走了這個晚上的所有回憶？我無法想像自己是怎樣度過在殯儀館裡面的所有時間，那段中斷的記憶就像鴻溝一樣無法填平。也可能因為這樣，我後來都沒有說起這件事，似乎也因為這樣，我沒有把之後的生活過得特別難過。

這是我有限的人生裡面第一次遇上這種事情，當時的我有種身心僵硬的錯覺，面對這些種種，我無法反應，靈魂和身體好像錯開了一樣，非常陌生，陌生得不知所措，陌生得無法理解。我沒有頭痛欲裂地思考有什麼可以挽回的方案，只是默默接受這些生硬的儀式和它所帶來的奇怪感受。現在回想起來，我的冷漠可能是我內心容許自己逃避的一種表現。莊子失去了妻子之後鼓盆而歌，而我都一樣沒有哭到肝腸寸斷。

由於事件某些部分的記憶已經無法擁有自由存取的權利；別人眼裡○○的離開或是事實上○○的離開，某程度上已經和我內心裡面○○的離開分裂成兩個截然不同的獨立事件。我只是被動地覺得對方在我的世界化成一縷煙似的消失得無影無蹤，並認為自己絲毫沒有被這個人或這件事所影響。而不是別人眼裡看成由於○○已經實實際際地變成了灰燼離開這個世界的那種離開，所以這也沒有出現其他人所想像的那會讓我悲傷或是帶來什麼痛苦。接下來的我沒有情緒低落，沒有失魂落魄也沒有行屍走肉，相反活得像平時一樣，只是對一切關心和問候充耳不聞，活像什麼都沒有發生。結果在這個時候，我自己親手甩掉了人生第一個好朋友。

我並不理解為什麼當時的自己竟然面對不了好朋友的誠心慰問，現在回想起來，可能就正正是因為我覺得這種離開和別人眼裡看到的離開並不一樣。然而我這種逃避的個性雖然能夠讓我在表面繼續歌舞昇平，但實際上幾近把我送上抑鬱的道路。

我總是先是沉默，然後在看似無法選擇的關口，帶著無法解釋為什麼存有的隔閡和尷尬（彷彿是處境窘迫的無法伸手）讓感情不了了之。這似乎就是世間約定俗成的尺度之下，對浪子或是「渣男」的形容，也就是我當初面對不能應付「誠心的慰問」而避走的那種狀態。或者是那個時候開始，我心裡面的自己認為走來走去的人生可以給我無限退場躲避的時間和場所。結果，這一次的逃避——我的第一次徹底的逃避——成為了我人生裡面一直耿耿於懷的第一件重大失敗事件。春花秋月何時了，小樓昨夜又東風；我沒有讓自己失望的是，我後來再度重蹈覆轍，自我困擾地毀掉一份又一份的感情。

我非常清楚自己不能在壓力之下作出重要決定，又總是被新刺激沖昏頭，在衝動行事之前沒有事先考慮問題的原因和事情引申結果；可是當時年輕得以為時間會抹掉一切——包括我那不完美的部分。可笑的是，接連要我毀掉的另一段友誼就是在我畢業後轉換人生跑道之時。因為我不能一心二用，所以在開展新生活之後，就無法抽調時間灌溉各種關係（往後還有一再重複）。好朋友各自出現了新的路徑，彼此開展了新的生活；生活重疊的位置逐漸減少，兩人之間的關係，就是這樣產生了間隔。我不知道當中還有沒有包含女生的妒忌、藐視、不必要的誤會等等諸多奇形怪狀的理由和原因，總之面前剩下的就只有一份生疏的感情。

無可否認的是，這些年來我對此時刻牽腸掛肚。我非常清楚的知道十八歲不會重來，我們之間多少個談及心事的夜晚、多少次對未來憧憬的對話——聊到想要怎樣的愛情、怎樣去確認別人的心意；我想我的人生怎樣都無法再次重現這樣的片段和畫面（至少無法再度複製青春少艾的心境），就像長大後不再擁有充滿期盼的眼神一樣，那些倒在青春歲月裡面的熱血在往後更是無法臨摹。我當時任由無情的時間心狠手辣地把兩人的關係推到冰點，讓二人的交疊從此歸零，無法挽回。

一場又一場的旅行和一次又一次轉換跑道讓我明白，生氣、後悔、牽腸掛肚都是浪費時間的表現。以往的我總是無法跟一個人或是一段關係說再見。為著我要離開一個地方，因為不懂告別，就被動的、單純的任由一切慢慢消散。正正是因為我無法作出好的道別，所以就造成逃避的壞習慣——我總是四處逃竄。

無疾而終的關係，往往是我要跨過的最大關卡，也是我的最大缺點。以前的我以為每當離開一個地方，就是獲得世間幫我處決關係的被動武器，由得那些不知道怎樣處理的事情被不能停止的時針斬立決。可是應該留住的關係卻都因為我的懶散、我的粗心大意而被忽略；就是因為被距離影響，而忘記了要繼續付出。我以為出現問題的部分會因為我的離開化成合理的藉口；我以為喜歡我的人會自然接受我換跑道後出現的冷漠；我以為別人會理解我心裡的想法。我總是這樣的自欺欺人。

只是在很久的後來，我才能坦白的向自己承認，那些來不及拾起的東西其實都等於我（選擇）自動放棄。

就在穿州過省的關頭，有種蘊藏在心裡的感覺往四面八方裂開，洶湧的情緒來襲，我漸漸開始確定自己想要成為一個怎樣的人。我想要在我所珍惜的關係面前成為一個溫柔而良善的個體，成為一個甜蜜而溫暖的女孩，把手中存取的溫度握到對方手裡。我並不想要讓自己的遺憾僅僅成為一個反思和啟發的教材，也不願意在夜闌人靜一個人在內心覺得抱歉然後默默想像和祝福你往後歲月靜好；我想比這種留守安全地帶的自我安撫（坦白一點說根本就是自我陶醉）多走半步。這半步包含了我的歉疚、我的後悔、我的成長和我的想念（無論最終有沒有得到對方的回應）。結果我翻開社交媒體，找到了曾經互相拋棄的人，寫下這些年來心底一直想要說的話，按下發送鍵。這次終於換我發送出睽違已久的「誠心的問候」，我在送出之前無法預估對方的反應。但我知道，如果我沒有按出發送鍵，那鐵定只能成為一個傷感的故事。

彼此都有被時間的利刃刺痛到了，彼此都覺得再不能讓傷口繼續擱置；一個人跟另一個人一起決定重新出發，無論怎樣說都很浪漫。

不需要愛情，也可以很浪漫。我想慢慢尋回被歲月洗掉的人，也想其他被時間無情篩走的人都慢慢回到我的生命裡。

以往我經常抱怨為什麼自己為著調整內在的脈流而必須（縱使是被動的）斷絕與外邊的

Take a long walk

某種關係，我怠惰又極端的性格用什麼搞砸了什麼，或是我把自己丟低或迷失在一個什麼角落，然後把對方推到盡頭；我從前只會在心裡砌詞狡辯，現在我知道我得讓自己不要再被重要的東西掏空我的五臟六腑了。

似乎就在不停出走的前提下，我開始學會一直鞭策自己不要懈怠。我慢慢清楚每一次出發都會有隨機的突發事情發生。我需要將這些外力化為動力，變成充分的理由推動著我繼續勇敢的前進。前進並不是為了把事情甩在後面，而是每走到一個地方，都要學懂把重要而珍貴的東西拾起塞進心房。這樣並不是要增加負擔，而是要把它擠成身體的一部分，把它成為組成我的關鍵。

我每走到一個地方、每走過一個地方，每個終結都不過是開始。我知道我再不能把重要的東西老是留在後面，我不能懶惰，我得安安穩穩的把別人的好當成材料（也成為別人的燃料）帶著老去。

005 靈魂受到折磨

十二月下旬下雪的漢堡下午，來敲門的是一個不到三十歲的藍眼睛白人男性，穿著黃色螢光背心，那是螢光得直接讓你聯想到救護員的那種小背心。如果穿成類近西裝款式的白恤衫和灰西褲，我很可能就會把他當成摩門教的傳教人員。我本來想要裝成沒人在家，因為我不想應門，但好奇心驅使之下，我還是想要在門內窺看那個人到底是誰。同樣的情況讓我想到住在牛津的時候有來自BBC電視執照部的調查人員來敲門確定我有沒有在家裡看電視，就像我老早就在村上春樹筆下主角那被NHK收費員角色搞得困惑又苦惱的場景；當時我心想：這個奇妙的橋段終於發生在我身上了，只是不像故事裡面的NHK收費員一樣上門催收視聽費用，也沒有離奇奇幻的故事接著發生。或者可能是外邊的人聽到我走近門邊的腳步聲，他隔著大門開始說明狀況。我對他的說話內容沒有非常留心，雖然那些說話還是透過空氣生硬地傳遞到我的耳朵裡面，但當下我的心裡卻只是不停的思考「怎麼在漢堡被按門鈴的次數會有這麼多？」」，並因此判斷「午飯以後最好還是不要留在家裡好了」。

沒有把誰邀請到家裡作客，到底誰會來按我的門鈴？

***

「聖誕節的夜晚我們就在到處玩『按門鈴』遊戲！」我記得來自西班牙的K和我天南地北的從現在聊到過去的時候，是這樣說到她的童年、最喜歡的節日和最喜歡的節日活動。雖然她嘴上說的是童年，但其實也不怎麼小；她大概在描述青春期那個剛好有了喜歡的人並為對方陶醉的年紀。少男少女除了心事，就是為了頑皮搗蛋而疲於奔命，而且最大重點是：聯合一起結伴搗蛋。

對於「按門鈴」作為遊戲這回事，我早就有從B口中聽說過。他所指的就是入黑之後忽然有人按門鈴，應門的時候卻遇上無人回覆的恐怖片橋段。隨後門鈴再過幾十分鐘又被按響，這種情況，一晚來回數次。門鈴再次響起來的時候，他選擇先在窗邊傾聽樓下的聲音，然後在空隙窺視下方。他留意到一陣喧鬧的笑聲和奔跑的腳步聲，也看到了幾個人影；他再走向對講機，但如同想像一樣，外邊一樣沒有人回話。門鈴在一晚內響上兩遍他就生氣；如果被按三次，他就開始抓狂，持續生氣直到半夜，因為這種接通大廈主機的對講機並沒有關上的辦法。B自己一個人住，覺得一整個夜晚靈魂受到折磨。怎麼夜晚會有人按門鈴？住在巴塞羅那剛好半年的他接受不了這種騷擾，一直好想找個點來投訴。但喔？他絕望的說：「該死的是我可以往哪裡投訴？」他的話語裡面沒有半點可憐成分，雖然我覺得這狀況有點可憐。因為無處發洩的荒謬處境讓他的好心情沿著坑渠流到下水道漫流開去，逐漸泛黑的直通到河道和其他水道合流，帶著本身歡愉的聖誕氣氛變到最灰最沉的沖到無盡大海裡面去。

為了安慰他，我嘗試為搗蛋的男女作幾個開脫的借口，算是旁觀者在空氣中傳遞出一種關懷和扶持。其實那並不是不能想出答案的東西，而「入鄉隨俗」是最顯淺平白的解決方案，因為我知道：在巴塞羅那會把按門鈴當作遊戲來開玩笑的人並不理解他生氣的原因。

「要是你今年十四歲，或者你都會聯群結隊去按到一個腸穿肚爛的地步。」

他聽罷笑了，好像暫時再不生氣。

好像我們每個人都在十四歲當過一枚小壞蛋，好像我們每個人畢生努力都在為了重回年少輕狂的歲月。有人拼命賺錢、有人老是逃避、有人想要事業有成、有人想要組織家庭；各自完成各自的工作，為的都不過想要透過各種方式尋找回到從前那種青澀感覺的辦法。

雖然並不是肉眼能看到的苦痛，但我嘗試把B被按門鈴被按到痛不欲生的這件事告訴K。她的眼睛以奇怪的方式動了一下，臉上露出半分尷尬表情，像是覺得相當不好意思地皺起眉頭說：「可是我們傳統上都是習慣這樣玩的喔。」

傳—統—上—。西班牙人熱情奔放，人們常常說南歐人真的比較「野」。歐洲這一邊的人個性豪邁又無拘束，性格完全是自由落體，只受自身的重力影響，不理會外在目光。像是足球比賽場上所看到的各種身體碰撞——這裡並不是說他們偏愛衝撞，只是他們覺得運動比賽裡面大部分肢體衝撞都無法避免。他們會做出相對大動作的粗魯行為並不是因為要讓對方感到難受，而是他們把這行為和狀態看成平常——看成無可厚非的平常。面對各種狂亂都挺得住，也沒有為著一定要保存外在談吐得體而事事留神小心翼翼，大部分人順從天性做自己，就像舞台上的鎂光燈由始至終一直罩在自己身上似的一樣。我可以想像在街上看到的南歐小孩總是玩得比較放、飆得比較遠、吵得比較響、動作比較大、要和不要的選擇下更是直截了當；而父母對他們的管制和約束相對也較寬鬆，彷彿天生天養。

「才不過就是按一下門鈴。應該不會因為門鈴被按太多而被按壞了吧？」

要不是K天生一副善良的外表，我還以為這是嘲諷的說話。

她的眼角眉梢無論哪個位置看起來都讓人覺得她很單純，她持著這一臉天真等待著我給反應。

我將B的心路歷程從頭到尾交待一次，再跟她說香港或是亞洲人對這種事的普遍反應。我說得比較輕鬆，盡量只陳述事實而不加多餘的修飾；我的目的並不是想要K覺得難受或尷尬——這也是我最不想要發生的事情。我只是單純在這情節的討論上，說著B的反應。經過一輪互相理解過後，我認為K的想法是這樣：她甚至根本不會聯想到按門鈴是惡意滋擾行為；如果說到被按門鈴的人對此反感，她反而非常單純的以為對方擔心門鈴會因此壞掉。這種直線聯想，單純得有點誇張。要不是由我自己親身遇到，我可能也不會相信。這絕對可以說是當成電影的橋段也嫌太浮誇，但我真是確確實實的遇到了。

我知道香港的男孩和巴塞羅那的妹子在這一道題上完全無法接上，而且絕不過電。到底是被按門鈴者過分執著，還是按門鈴者妄顧他人感受？我在外邊看來難以判斷。我想，有些事情總是無法一刀切割，心裡的尺還是會因為個別情況而自動調節，這或者就是作為異鄉人有必要跨過的那些五花八門的障礙。文化衝突很多時候不是走正反兩極，而是走向絕對不同的維度。這裡看來玩樂的一方好像是毫不在乎被按門鈴者的感受，實際上他們之間誰的腦海裡面都從來沒有存在過「這種事情就等於是騷擾」的想法。我和K繼續非常詳細地聊下去，發現她從不曉得為什麼變成略為明白我的意思；這再讓我更確切相信，世界上有些東西必得要經過討論才能產生互相理解的結局。

在我心目中最擅長投訴的德國人（德語課最大的學習重點就是要我們學會寫投訴信，在後面我再跟你聊關於德語課的事情）在這方面都是很從容的面對，只要不是法定安靜時間，門鈴被按幾次都無傷大雅。要是進入法定的安靜時間，就算是走路大聲一點、洗衣機運轉聲浪太大都可能會收到鄰居的投訴信（德國人給鄰居親手寫投訴信發洩內心鬱悶的普遍程度可以在討論區隨便就找到例子），當然為了節省時間，很多時候鄰居都是毫不拖拉的立即直接上門反映。我就著門鈴被按的次數在內心做了簡單的統計，單是在德國居住的頭一年就是在英國和荷蘭數年以來相加的總和，甚至更多。這到底是為什麼呢？為什麼門鈴總是響過沒完沒了？這是我剛開始住下來常有的疑問。

＊＊＊

英國以前就有上門要求進來看你有沒有在看電視的電視費收取人員，不過除此以外，我都沒有遇過其他陌生人拍門。在荷蘭更是清靜，小鎮上和誰碰面都會打招呼（包括只在窄路碰面路過），卻沒有人會出現在你門前騷擾家的清靜。為什麼德國比較其他地方有更多人來拍門？我認為這與「別人知道誰住在這裡」相關。

德國門戶的編制方式跟我所住過的其他地方都有很徹底的分別，他們的信箱上面完全廢掉戶號，門牌上面只有居住者的名字。正正就是因為門牌上出現居住者的名字，其他人就可以知道這裡剛好有新住戶入伙、裡面的住客人數，並可以從名字猜到這個人的國籍、住客之間的關係和居住狀態（我當下覺得單單被一個門牌公開的資料實在太多，看起來私隱暴露，但後來才知道這不過就是小巫見大巫，瑞典個人資料的公開程度更是超乎我的想像）。眼前通訊門鈴上的名牌一個又一個用透明膠片蓋住封好，名字全部白紙黑字清楚列明，直接讓路人清清楚楚知道誰和誰住在這裡，一目了然。我所居住的單棟大廈裡面這些看起來普通不過的名牌由德國籍大戶主兼任大廈管理員（他自己一個人就是整個類似業主立案法團之類的存在）管理，雖然這是無論怎樣看都不過是由打印機隨便印刷出來的字樣，但他堅持一定要將這個

Take a long walk

步驟交給專做門牌的公司處理。他可能覺得我好奇，便跟我說明門牌卡片上面的字體款式、顏色的色號數和字樣的大小、間距分寸全部不能存在分毫差池。他指出平日送信的郵差和速遞員需要從好幾列的名牌上面尋人，他必須在此謹慎把關——將名牌字樣統一。因為只有這樣，才能夠讓人清楚快捷的完成任務。起初我對這種只需要一張白紙和打印機就可以完成的工作拿到外邊委托專門公司製作感到非常疑惑；但當我聽到他說明的因由，就明白了他的苦心。

漢堡郵差基本上擁有漢堡市面上所有大廈的大門門匙，這是我後來才知道的事。一大個鐵圈上面全部都是大小不一尺寸突兀的門匙堆；這種看似是電視裡面監獄長褲頭的鎖匙串，竟然以三倍放大的姿態出現在日常生活之中。但偶爾就會有替更的郵差按門鈴說：「我是新郵差喔，請讓我進來派信。」郵差要按誰的門鈴也沒有方式可言，基本上就是亂按一通直到有人把大廈門打開為止。本來擁有門匙這件事可以減低住戶被打擾的機會(如果住在大學宿舍的地面層，郵差更是直接從窗戶裡面看到有誰能開門就直接敲窗)，可是派遞員長期人手短缺，德國郵政派送部流失率相當高(可憐在溫熱的夏天，運送包裹的貨車又悶又熱，司機往往需要一邊慢駛一邊開著車門散熱；冬天卻又要抵著大雪送件)，所以在派信時間大家的門鈴叮叮噹噹的響過不停。

據說在這樣大量人力需求的情況下，德國郵政漸漸開放僱用德語未達B2工作水平的應徵者作為送件郵差。這是我在聖誕節前夕給送件來的郵差送上巧克力的時候，他吃著跟我聊的日常狀況。他跟我說，這就是人們經常在郵件往哪裡取的說明卡上看到串寫錯德語地址或名字的其中一大原因，所以他也請我不要介意自己的德語說得不夠好——因為這裡沒有人會嫌棄任何人的德語不夠精準，前提是你有作出嘗試的意願就可以了。這個部分，德語導師一早就給我們打了強心針，說德國人自己說著德語也會犯上很多文法錯誤，著我們大膽說話小心修正。

大部分時候都會在信箱收到送件員留下來的取件卡，上面寫著他送件遇空門的實際時間，以及將我的包裹擺放在哪裡等等的地址或神秘提示信息。跟斯德哥爾摩或很多地方不一樣的是，大部分送件員都不會將包裹拿回配送公司所設立的接收和取件點或是退回去郵局，反而是直接送到某個碰巧有空為你收件的鄰居手上，視乎當時誰在家。留下的說明卡上會寫上鄰居姓名，著大家自行去拍鄰居的大門取件；這些情況大部分都是發生在同棟上下樓層，不過偶爾也試過要走上一條街去拿包裹。有時甚至會表明包裹已經從圍牆外被丟進後花園裡面，活像尋寶遊戲的提示卡。

Take a long walk

＊＊＊

關於包裹的這一部分，我在斯德哥爾摩有截然不同的體驗。斯德哥爾摩的包裹只分為到領件處取件和送貨上門兩種，而到戶送貨則有「放在門外」和「拍門接收」兩個選擇。身為網購極為發達的城市，每日包裹成千上萬，已經不會出現拜托鄰居收件這些瑣碎事情。其次，瑞典人不想打擾別人的心態非常明確，說到底就是他們內心深處也不想被人打擾。正如斯德哥爾摩的妹子跟我說，她的父母在斯德哥爾摩大街上碰到同事會裝成看不見，一來想避免不必要的客套寒暄，二來真的不希望互相打擾。我問她，如果在街上看到對方而不打招呼不會讓彼此的關係變得很奇怪嗎？她回答：「他們覺得有誰走過來打招呼更是刻意和奇怪！」

我像普遍斯德哥爾摩的瑞典人一樣，一整年下來每星期最少收一次包裹。在瑞典的第一個月，慎重起見，我都選擇親自開門直接從送件員手上親手接件，沒想到這是跟他們慣性作風完全對立的做法，那是我住上一個月之後才意識到的事；結果我從此就勾選讓包裹放在門口外邊。我曾經聽過一個說法，就是比較富裕的國家的人民往往都能夠展現路不拾遺的高尚情操，我在想是不是就是斯德哥爾摩這樣，至少讓我感受到的是他們絕對不會做出讓自己感到蒙羞的事情。那個在斯德哥爾摩活了二十八年的男生跟我說，瑞典的治安近年似乎沒以前那麼好，水平有往下掉的跡象；丹麥的黑幫和犯罪的事情也愈來愈多，到處都有「呼呼呼區」，警察愈來愈無能。但鐵路卡等充值品要是被遺留在咖啡店或購物大街，隔天發現回去再找基本上完全不會出問題。我也好幾次親眼目擊有人在馬路口拾起鐵路充值卡，直接將它放在紅綠燈按鈕箱的頂部當眼處，也不見得有誰會路過一手拿走。也正如兩萬瑞典克朗的衣服就這樣放在大門前面大半天，半夜回來也原封不動。

有見及此，我能夠理解斯德哥爾摩並沒有要誰代為收件的必要（雖然偶爾還是會有爆竊案的發生）。我住下來接近年半，目前為止都沒有半個包裹失蹤。斯德哥爾摩更不會有人無端白事按門鈴，如果沒有重大要事就隨便拍門，很可能會因此被人討厭，畢竟鄰居之間有什麼事都可以在社交媒體的群組裡面說明，不用直接打擾對方的私人時間。值得一提的是，雖然包裹可以放在門外，但斯德哥爾摩人對大廈公眾地方的美觀表象要求仍然相當講究，未經同意不能擅自把東西隨便放在門外，就算是訪客脫下的鞋履或是短暫停泊的單車都不能佔用走廊通道或門前任何位置。一旦發現有礙觀瞻的行為都會被放在大廈社交平台群組作善意警告，「大家可以把東西收好儲放到地底儲物室裡面」聽起來非常溫柔，但實際上就是使用群眾壓力驅趕之類的溫馨提示。

***

結果剛才按門的那個藍眼睛的白人男性並不是送件人員，不是那個曾經對我說「我看到名牌知道這裡住了一個亞洲人所以就拍門傳教」的傳教士，也不是偶爾出現跟我說「外邊有人想買這個地方，如果有意出售，或是知道哪一個鄰居想要賣房子就記得找我囉」的地產經紀。相比起其他國家所遇到的拍門通通都是「隨機拍門」，在漢堡很多情況就是「針對性拍門」，我總是遇上因為名牌暴露了這裡有新住戶而出現因各種原因而拍門的人；也是由於這個原因，每搬到一個新的房子，被陌生人連番上門的事又會重新再輪迴上演一次。

我所聯想到的螢光黃色背心其實是錯覺，他實際上是穿上消防員造型的黃金戰衣，兩個肩膀有兩道螢光黃條子直達腰間。我揉了一揉眼睛，他的樣子異於尋常地急切，我心裡不禁跳了一萬步聯想到很壞的情況，是不是附近哪個地方發生了緊急意外？是不是有什麼有我可以幫忙的地方？想要我提供飲用水或是想要借我的窗子爬到另外的地方？我趕緊把門打開。

一身消防員黃金戰衣造型的他說他來自一個非政府救護組織，這次拍門的目的是親自上門募捐。聽到「募捐」的字眼，我就立即從一種繃緊換到另一種繃緊——雖然兩者都不過是想要從我這裡獲得一些東西。他非常坦白的告訴我，他是看到門牌換了名字，知道我是未曾交過捐助的新住戶，所以就上門拜訪。

他說話的模式像帶貨在身的推銷員，先跟我說明某東西的目的和作用，然後跟我說我會需要這個東西，結論是我要付費獲得這個東西。或者因為這種說話的方式和腔調帶有推銷意味，因此害我內心產生了輕微的緊張感，而且骨子裡對這場帶有操控感的對話愈來愈抗拒。我勉強聽得明白他的說話內容，但我裝成聽不懂德語的模樣——不得不說的是我對這種場面還是挺在行。我是如此冷靜又自信的作出無法完全聽得明白的表情，以為這樣可以打發他離開。可是往下當他看到我懵懂的眼神，便開始說起英語。那個瞬間，我便知道他並不會容易退場。

我從小就很不善於敷衍，所以在那個時候，我就改變了心裡的想法，想到或者只要我肯捐助一次，應該就算是使出了威力強大招數，足夠讓他放過我(也好等他可以回去交差)。因為我的時間並不是多到無法打發，出於不想苦苦糾纏，所以我準備答應捐款，並在大腦裡面思考過想要捐助的金額，希望可以說出一個讓人感到不太少也不太多的數目。然後他搶先在我想要說話之前，像看透我內心想法似的，向我解釋這種捐款方式是以持續每月定額的模式進行。

說罷他拿出一張A4紙，一邊在捐款單據上寫上日期（我看到他早就將門牌上的名字抄到捐款人名字的欄列裡面），一邊填滿所有空格和選項；一邊廂說著我的住址和郵遞區號一邊填上「OO街OO號」，一邊廂引導我每月五十歐羅很好、一百歐羅更好或二百歐羅超棒等月繳式的捐款選項，看來他想圖意跳過要我答允是否願意捐款的步驟直接讓我挑選數目（可惜這種普通的推銷手法在我身上不管用）。抬頭注視著我的臉，重複說著「日後也許會用到我們的服務喔」、「無辦法用上也是非常幸運的好事」，他以非常懇切的眼神看著我說目前我們所簽下的雖然是月捐模式的合約，但捐款人可以在之後任何時間取消。最後，他把整張A4裡面所有要填的地方都填滿，剩下每月金額位置懸空。他繼續忽略我異常冷淡的口吻，自顧自完成手頭上的工作，循例把紙一百八十度轉過來遞向我，務求我在這種尷尬的情境下填上數字和簽名作實，好讓故事在此結束。

我保持沉默。

他愈是進取，我愈是抗拒。我站在屬於自己的大門內側聽他的講解，縱使沒有回話半句，但他就已經把需要填寫的地方都填妥，這種辦事效率超出我的想像範圍。我考慮到我是時候採取某種措施，作為最低限度的反擊。當時的我落地德國不久，德語處於得過且過的低等狀態，基於不知道對方的真正身份（甚至不知道他是不是如他所說的來自那個我完全不認識的機構），也對這種情況毫不了解，不敢貿然簽下任何文件。我不知該說什麼，只想可以當機立斷找個藉口把他打發回去。雖然有難以啟齒的地方，但拒絕的話我已經說出口了。

當對方再三確定實在無法從我身上搞到承諾捐助的簽名之後，總算願意把那張寫好了的表格收回放在地上的背包裡面然後離開。

我怕自己沒有把握好這次的救援機構捐款的真正立場，所以以小孩發問為什麼的方式跟住在漢堡的奧地利朋友和德國朋友說起這件事，他們之間一半人堅持這是避開執法機關偷偷經營的另類推銷，每次都抱住這一輩子都絕對不會捐款的強硬姿態讓上門者打道回府；另外一半人覺得沒所謂，家裡早就有其他成員每月定額捐助（縱然都沒有人曾經用過救援隊的任何服務）；有時候不用文化衝突，東西都可以各走兩極。夜晚，我跟B聊起下午時分有救護員來按門鈴的這件事，說到這是我個人版本的「靈魂受到折磨」瞬間。「一次性的捐款都是捐款。」他說。這種不像老式電視台籌款活動一樣接受一次性的捐款是他最摸不著頭腦的地方，因此覺得這種強行推銷幾近騙案。隨後他笑著說「靈魂受到折磨」瞬間也快要再度落在他的身上，也許事隔一年這個周末他們會再來多玩一次，不過可能不再是去年的那個男生搭配去年的那個女生了。

「那男的女的，各自帶新伴侶來找你，你或許會獲得雙倍驚喜。」

然後他問我：「要是這個周末我飛過來找你，搞不好我們可以在平安夜的夜晚，在漢堡漫無目的的去亂按一遍？」

第二部

事物

有發生過

006 機關槍

「重新眺望那樣的風景之間，我突然發現一個事實。每個人看起來都那麼幸福。我不知道他們是真的幸福，或者只是看起來這樣而已。」——村上春樹《挪威的森林》

我抱著上興趣班的心情走進這座外牆全是塗鴉的教學大樓。當時的我認為我要上的德語課大概跟以往上過的所有外語班都不過一樣——裡面全部都是雀躍地在外國生活的異鄉新鮮人。反正以往邊鄰周遭盡是在人生路上走上差不多路徑、差不多階段的人。為著求學而來到外地、正在修讀什麼什麼課程，或是在大學裡面工作；大家都是跟從自己的興趣，或是想要對這個地方和這個地方的語言有所認識而報讀的，全部都是遵循自己的意願，沒有多少個是真的因為**實際上的某種需要**而跑來上課。我走進課室以後，向四周打量一下，讓我徹底感到意外的是，可以猜測到眼前這些在這裡上德語課的學生幾乎全都是為了要滿足某些條件而報讀。後來知道他們都是為著滿足某種實際需要，當中包括因為愛情嫁娶到德國、為著入籍和居留權而必須考獲德語合格證明的移民、來德國當Au Pair（寄住保姆）並希望可以在合約完結之前找到其他工作留在德國生活的年輕女孩，以及被德國接收並被要求進修指定德語課程以助他日可以自力更新的難民。在一個三十平方米的課室，困住了因為不同原因坐在這裡的人們。在成人世界的那個課堂場景，我們矜持地掩蓋自己的無知，互相認識大家口裡廣闊又朦朧的美麗世界。

我們說德語笑話，說西班牙語笑話，說意大利語笑話；一個月一百個小時的密集式德語課程，除了瘋狂吞下各個德國生字就不過是在互相認識，這些情況我都非常熟練。我們慢慢學會用德語介紹自己、然後用西班牙語打招呼、用意大利語說再見（雖然導師只鼓勵我們用德語交談）。每場無聊的小對話都組裝上我們對其他國家的想像版圖——我們聊到黎巴嫩的日出，我們說到里約熱內盧以前怎樣被海盜侵襲。我們有時會在空檔聊著陌生的德國，有時會傾聽別人的故事；沉淫在這片互相說動人故事的奢侈之中，感覺良好，良好到就連旁觀都成為一種樂趣。

其中一位旁觀的俄羅斯女同學身材纖瘦窈窕，一頭金髮及肩，髮絲很幼，皮膚很白，白得讓人看到底下的微絲血管和青筋。透薄的皮膚帶點粉紅色，臉很細，明亮的藍色眼珠炯炯有神，長得像排球大賽裡面那些非常漂亮俄國姑娘。她用那雙放得像哥爾夫球一樣大的藍色眼睛看著我們，在一個身位以外的地方觀察著我們聊天。

「嘿，過來我們一起吃蛋糕。」我朝她的方向說。

我偶爾打從心底散發的熱情力度是否過大？是不是讓她吃不消？我這樣的思考著。

這樣的情狀似乎讓她更難開口，於是我笑了笑，向她大大力招手。「回收熱情」並不是我的選項，我決定使出兩倍的力度。就像跟巴士司機打招呼，我總是熱衷的說著早晨和你好。

後來我們才知道，原來她只操兩種語言——俄羅斯語和手語，所以我們說什麼，她都只能對此作出猜想。她對英語亦毫無概念，甚至完全不認識任何一個單字。我想，她表現出這個樣子可能就是因為她基本上無法和任何人完－整－地－溝通。實際上可能並沒有那麼嚴重，大概我們的肢體動作都足以讓她明白我們大致上在說什麼。

清了一下嗓子，「要吃嗎？」來自哥倫比亞的女同學說話時配合誇張的動作，說得好慢，像是讓她讀取唇語似的一樣說著「超好吃」。

我把蛋糕放在碟子上面，遞到她的手中，彷彿只要開始吃東西就不用說話。她拿著蛋糕，表情似乎稍為放鬆一點。她拿著手機打開Google的翻譯網頁把她想要說的話輸入在電話裡面。在我們之間互相認識的階段，那些簡單的聊天過程對她來說都有點負荷過重；就算只不過是隨意聊及彼此以往的工作經驗，我們都需要經歷一場猜謎大會才能理解當中的意思。畢竟真正的手語也不是單純靠動作意會，所以要融入在一個群體裡面，她只能透過傳閱那個長期開著翻譯網頁的手機。例如當她形容自己在俄羅斯做過怎樣的工作的時候，因為沒有手機輔助，需要差不多十幾分鐘才真正讓大家慢慢意會過來。

班上有另一個俄羅斯女同學，由於她經常主動坐在我身邊，我和這個頂著一頭棕黑色耳下短髮、說話溫柔無比的A比較親近。A性格比較慢熱，大部分時間都是安靜地坐著；她們兩個，彷彿來自兩個截然不同的俄羅斯。班上唯一一位烏克蘭女同學只會與A聊天，這種事情很明顯是因為政治取向。雖然這些都不過是我們的猜測，但可以想像的是，俄羅斯人對自身文化和身份認同上，有很大程度上的差別。

有天，我們要把自己母語的書或雜誌帶回課堂上分享，我拿了當時手上唯一的中文讀物——《安娜．卡列寧娜》的上半部。

A拿著我的書，問這是什麼書。

「Leo Tolstoy。」我說，我笑著把眼睛瞇成一條線。

她很雀躍地把托爾斯泰的《安娜．卡列寧娜》拿著翻來覆去，仔細參詳。「我們的*Ahha Kapehnha*不是這個樣子，我們的*Ahha Kapehnha*一定拿Ahha Kapehnha當封面。」

「也有插圖封面的，只是我沒有挑那個版本。」說著我用手機搜尋了幾個中文版本的封面給她看。

「這一個夠醜，很有俄羅斯的味道。」這句話不像出自內斂的她的嘴巴，可是我真的聽到了。

我們的聲浪有點大，結果其他人都把注意力放在《安娜．卡列寧娜》上面。那些母語由左至右順讀的各種語言使用者都對由右至左排列的中文書極為好奇，彷彿NASA宣佈發現外太空有新大陸，或是觀看Johnny Depp與Amber Heard對薄公堂一樣。上回引來所有人哄動的是班上某個特別吃得辣的中國同學手上那支「搖搖自動鉛芯筆」，無論是巴西、西班牙、法國、南非……任何一位同學都沒有看過這種一搖晃就會自己出芯的鉛芯筆，似乎這種始料不及的奇怪新鮮事，都把亞洲背景塗上了濃厚的異國色彩。

書本傳到金髮的俄羅斯女孩手上，A跟她用俄語解釋（A後來跟我說她就是用俄語說出

「幸福的家庭都是相似的，不幸的家庭各有各的不幸」）是哪個作家的哪一本書。她搖搖頭，表示不知道，又從小手袋裡拿出手機，好像想要說明什麼似的拼命在裡面輸入文字。

她無時無刻都堅持把小手袋掛在身上，就算在課堂中走到白板前面寫下答案的幾十秒，她都不會把它留在座位。感覺上裡面好像藏住了什麼巨大秘密，而且她雙手抓住手袋的緊張感，讓人覺得她就像電影裡面拿著贖金跟綁匪會面的人質家屬。

後來有一天，我們要以「我在德國裡遇上最重要的東西」為題做一個德語的報告，她的報告揭開了小手袋裡面的秘密。那個秘密的實際模樣其實只是一張紙，這張紙收在一個透明拉鏈膠袋裡面。她說她身上最值錢而不能失去的是她的俄國護照和這份庇護許可證。在此以前，我們並不知道她以難民身份留在德國。

她笑著說她知道自己也許以後都不能回家，卻天天都要抱著這本俄羅斯護照來睡覺。這是大家每天共處六個小時、一起上課的兩個月後，她才讓我們知道的事。她的這番話讓我非常急切的想到「家」——我的家。以往我所住過的每—一—個—家—。那麼我呢？到底我又會不會回家？

庇護許可證對她來說是特別而重要的證明文件，但這所謂的證件不過就是打印在普通A4白紙上面的文字。她把以往的人生總結濃縮收藏在記憶裡面，再由這張A4紙重新賦予一段新的人生。她把珍而重之的寶物大方地給我們傳閱，庇護許可證上面的是德語，標示的條款和細節我們都沒有完全讀懂，也不好意思拿著她的證件盯著不放。她表示自己都不過是用Google翻譯出文件上面的意思。她知道自己已經成功獲得德國的庇護，細節不明，大概就是可以在這裡逗留三年（不知道有沒有其他條件）而且有工作的許可（也不知道有沒有規定類型）。

這張證明書是她目前為止整個人生裡面唯一彌足珍貴的物品，她現在每月獲得德國政府發放四百歐羅的生活資助，居住在政府安排的地方，並按指示來這裡修讀德語和融入課程。以上就是她現時狀態的總結（根據我們所有人臆測後的資訊結合而成）。與那些因為談戀愛而來到這個地方生活的人，心理狀況的差距應該有屯門和將軍澳一樣遠。

她在手機相冊裡面給我們亮出她現時住處的照片，一個目前被她稱為「家」的地方。那是一排大型白色盒子組成的一個臨時房屋區，依照她的說法，目前每個盒子都是一戶，每戶兩伙人（所謂兩伙，說穿了就是兩個人）。臨時房屋沒有窗，極其量只可以說是一個擁有大門進出的白色貨櫃；地點在漢堡近郊，她說了那個地方的名字，但我們當中沒有任何人知道是在哪裡。她從那裡每天花費一個小時車程來上課，在德國住下來三個月，一共搬過三次，現在的住處比起我們能夠從新聞中看到的難民營要好看一點（實際上也好一點）；她目前的困擾是她感到與她同住的房客並不喜歡她，那個人還會趁她不在家的時候把她的東西拿走變賣（也是因為這樣她把所有貴重財物隨身攜帶）。同房戶不能換——至少，不那麼容易，「我不能選擇與誰住在一起，就算我的妹妹因為同樣的原因避難來到德國，我們也不可以住在一起，必需按政府要求住在被安排的地方。」她用翻譯軟件說明。她補充：「但至少，在確定離開的剎那，真正離開那寸土地的一剎那，我的心裡面就瞬間獲得了自由。」她表示來自俄羅斯的難民並不是大多數，在營地裡面為著避開戰火而來的青年人其實更多，而且男生數量遠遠高於女生。

我從來沒有看過她遲到或是缺席課堂（有人說這是她留下來的必要條件）；即使她在復活節假期間替另一位難民搬家而不小心拉傷背部，要在醫院躺上一星期，假期結束後仍然馬上回來上課。本來擁有醫院開出的醫生證明文件，她絕對可以合理請假，連導師都勸說她不如先休養一下，她卻堅持不缺課，為的是盡快完成課程，考取合格證書，在德國找到工作。她

Take a long walk

在俄羅斯是個階磚磚花設計師，她說：「或者我可以在德國替人修指甲，設計指甲花樣大概也是差不多。」

她把她要離開家園的原因娓娓道來。她信奉的宗教在俄羅斯被視為極端主義。某日下午，電腦上面鏡頭旁邊的燈忽然不由自主地一亮一眨，綠色的燈忽然閃過不停，她覺得奇怪，但不知道是什麼原因。她覺得需要把那閃爍的燈弄熄，但想不出方法。就在她歪著腦子拼命在想那是為什麼一直閃亮的時候，可能是思考得太久，忽然聽到大門「呯、呯」兩聲的被撞開，才意識到危險迫近。「我得穿上鞋，可是已經太遲。」這是她當時冒起的第一個想法。她反應不來只好退到床上，身體顫抖著。發呆的瞬間只好打量著進屋搜索的人，他們好像是穿著制服的警察，又好像不是。她覺得很徬徨，但不知道應該做什麼。「原來被陌生人突如其來的闖進屋內，腦袋會是一片空白。」她這樣說。「如果背後是窗戶，我很可能就想要跳下去了。而實際上我只能站在床上，轉身向牆，牆身並無任何裂縫，但我非常渴望可以鑽進裡面。」

警察對她喊什麼她都沒聽進耳裡，兩片嘴唇不停顫抖，轉眼之間她就被抓住了。對方帶走了她和她的電腦。她跟我們說，她是在很晚很晚的後來才知道自己被抓的原因——她在網絡上搜尋該宗教相關的事情，因而被監控，鏡頭一閃一拍證據確鑿，她就被關起來。「這裡所寫的宗教自由，在我當時所在的地方是沒有的。」她用德語指著剛好寫著Grundgesetz的版面。她繼續跟我們訴說離開俄羅斯和進入德國的事情。她入境德國後隨即被安排接受身體檢查，報告指她血液裡面的金屬含量比常人高出太多。「只要金屬量不再增加，那就沒有問題了。我對未來一無所知，但至少可以確認的是未來三年可以呼吸到新鮮的空氣。」她的眼神滿是盼望。她看到我們聚精會神地聽她的故事，雙眼因此蓄起一泡眼淚，反過來安慰我們犯不著對這一塊人生覺得抱歉，因為她現在每個夜晚都睡得比先前一個夜晚更加沉穩。

我剛好在那次之後需要請假去東京一趟。臨別之際她給我的擁抱最用力，也抱最久；我想，那是不是擁有過與家人和鄉土的別離經歷，讓她對再見後會不會再見有非常認真的對待。

後來我們一整班非常順利的過渡到B級課程，班上迎來了其他新加入的同學——大部分都是早前在其他課程中斷學習後回來的插班生。一個文質彬彬操一口極流利英語的男生說他來自敘利亞，站在電腦投射屏幕前面自我介紹時翻到被戰火破壞得體無完膚的Google照片，他指著畫面說：「這就是我的家。」

另一個來自伊拉克的男生，在自我介紹後的休息時間用沙啞的聲音跟我說到他的故鄉，他翻到手機的相冊，向我展示一張他拿著機關槍的照片。

儘管背景非常混亂，但第一眼就能看到裡面二人堅定不移的眼神。他們後面有火光、有濃煙，遠處好像還有幾個零星的人影。他和朋友兩個人在最前面，圍巾簡單地把他們的下半張臉包覆好，額頭則圍上另一條花布，一張臉就只露出兩隻眼睛。身上是簡單的汗衣、深色長褲和反光運動鞋。他們兩人在輕跡凌亂、浮影交橫的背景前面各自拿著一支比他們上半身還要長的機關槍。機關槍在閃光燈下有好幾處都正好反光，讓人不敢直視。他滿臉茫然的說那天他們保衛家園失敗，那個地方已經無法回到從前的樣子，而從小一起長大的朋友們都各奔東西，甚至有好幾個不知所終；唯一確定的是，他們當中誰都再回不到去那個地方了。那裡本來有的東西，現在都沒有了，工作沒了、房子毀了，屬於他們和家人僅有的東西都在忽然之間一下子像蒸氣一樣蒸發掉。對他來說「家」這個字好像在太陽久曬後掉色似的一樣，已經再看不清楚，而現實中的是，「家」，在空氣中噗通一聲消失得無影無蹤。

他們都需要一個家，一個在現實生活中可以看得到觸得到的家。

我沒有經歷過戰爭，甚或是類近戰爭的事件。最接近戰爭的時刻可能就是俄羅斯警告瑞典不要插手俄國與烏克蘭之間的衝突。瑞典因此立即給全國下達作好戰爭準備的訊息，並因此進行了全國緊急事件的響號預習。政府通知所有市民要搜好自己附近防空洞的位置，超級市場的大米、糧油全部被掃清光，每家每戶都需要做好三十日的儲糧準備。周遭的朋友單純為了這個「做好戰爭準備」的預告已經議論紛紛，更別說看到超級市場賣光了可以久放的乾糧，或是讀到新聞報道很多地方的碘片都被搶光；單單是儲備糧食，就已經讓人身心疲憊得幾乎要昏厥過去。還好，這種緊張感只是短暫地維持了一個月左右。

他們故事的前因後續，我們都沒有追問。其餘那些不夠清楚的部分，以及那些我們無法得知的地方，只好留給了我們那不夠發達的想像力。同學當中似乎沒有人在意或是去考究當中的好壞、對錯和真假。直到四個月後，在寒冷刺骨的冬末，我和其他人完成課程後去看電影慶祝、幾杯威士忌灌到肚子去的以後，忽然有人把這些故事再次提起。

當下我才意識到他們的「回家」並不同於我們吃飯、散步，然後回家的意義。我忽然驚訝地發現原來擁有一個所謂能夠回去的地方，對某些人來說是多麼奢侈的願望。他們飄洋過海、冒著風險，在自由和不自由的邊緣歷險掙扎，把過去說得像「上輩子別人的故事」一樣，也沒有人關顧當中光彩不光彩。

ake a long walk

我在隔天醒來，口渴頭痛宿醉，心裡泛起一點抑鬱。我要不要打通電話回家？我是不是該做點什麼？睜開雙眼感受到自己是這麼安全和快樂，而且對此並沒有任何問題和疑惑，那是多麼幸福的事。在這個對自由意志熱烈追捧的國度，政府決意攬下大量難民人口，對他們的國民來說，既是對以往歷史犯下大錯的贖罪，也是對自由口號落力實幹的重要證明。我想到村上春樹在《挪威的森林》裡寫的是成長、是對他人和對自我的救贖；當中這麼一句話說穿了，在這冷漠的大氣電波之中，其實還有很多看不到的缺失。

我們可能忽略了，生活原來還有其他模樣。

007 蜂

那是課堂之間的休息時間，我和其他人在漢堡大學其中一個分校飯堂吃飯。各自挺著餐盤，在飯堂阿姨那邊拿自己想要吃的菜式。餐點款式變數不多，來來去去都是家常小菜；只有在大時大節，例如聖誕，才會突然供應讓人意料之外的節日食物——例如鴨髀。所以每當節日來臨之前，在大學飯堂可以說是有了讓人相當期待的東西。平日的菜單總是來來去去都在可以預測的範圍，情況大概就是：要是今天主菜有falafel（炸豆丸子），剩餘的falafel隔天便被分配到沙律吧；要是今天正餐的醬料是番茄醬或咖哩汁，便可以預視明天會出現番茄湯和咖哩湯。我相信大部分人只要到過飯堂幾次都對此心裡有數，也是因為這個原因，除了在時間緊絀沒有辦法的情況之外，我們盡量都不會一連幾天到飯堂用餐。

付款後我們走到露天的木製長檯旁邊坐下，時間是長假期後的第一天，那是最適合在飯堂用餐的星期一。烈日當空，旁邊開著絢麗的花朵，蜜蜂飛翔；在這個畫面映襯之下，餐盤上的食物忽然之間變得比平日好吃。

「這不是蜜蜂，是黃蜂。」從柏林來的P糾正，嘗試簡單地解釋蜂種之間的分別。

上星期才加入我們的紐約男生在大都會住得太久，就像我剛來漢堡的時候一樣，只聽說過「黃蜂」這個詞，可是從來不知道牠們和其他蜂類的實際分別。

P在手機上找來了四個不同品種的蜂類插圖（我瞄了一眼，圖片屬於可愛的手繪風格），非常認真地說出牠們外表上的差別、實際活動範圍、工作模式、是否有攻擊性等的資料。我在旁邊聽得頭昏腦脹，不知道虎頭蜂、工蜂、蜜蜂等等的細微分別。我一頭霧水，驀地覺得這種事情怎麼的其實都無所謂。我對昆蟲沒興趣，也特別害怕那些一小隻一小隻飛來飛去的小東西，所以我選擇關掉了我的耳朵，埋頭吃東西。

關掉耳朵這回事，我可以說是非常擅長——從小我就可以在嘈吵的環境、雜亂的聲音中選擇性接收特定想要接收的聲音，自顧自的投入在自己的世界裡面。這當然不是說真的完全聽不到外邊其他的聲響，但我可以輕鬆篩走那些噪音。所以鄰居裝修或是什麼巨大工程發出的過大聲浪把我吵醒都沒關係，只要我確認到這種聲音對我毫不重要，就可以關上耳朵抱頭再次大睡。我不知道這是我無意間鍛鍊得來的個人技倆，還是某種與生俱來的特殊能力；因此我有時會恐懼，萬一是後者，這個超能力會不會忽然消失。

P繼續加以解釋，像背景音樂一樣在我的身後流過，讓我覺得自己好像走進了自然科學博物館的演講廳隨便借個位置坐下來幹自己的事。

我把正餐吃完，準備享用蛋糕的時候再次打開耳朵，順道作出回應：「在我心目中，身上有毛的是勤勞的好人蜂；而體型比較長、長得比較醜的是會攻擊人的壞人蜂——雖然壞人蜂會吃蚊。好像是這樣？」我並不知道這種劃分方式是否正確，但我盡量嘗試描述我認為我自己知道的事。

「也可以這樣說。帶毛毛的，身體較圓，看起來較笨，所以都不是什麼大殺傷力武器。古埃及傳說裡面，蜜蜂帶著天堂的訊息——我不記得哪一套美劇好像還有這麼的說過。」P的訊息量比我想像中還要高，和他聊天總是東一句西一句，還好這種程度還未超出我的大腦負荷。

「你喜歡Alster（阿爾斯特河）還是Elbe（易北河）？」大概是把有關黃蜂能說的都說完，P轉向非德國人的我問道。他又來了，再次跳接到宇宙的邊緣；他轉話題的跳躍程度，讓我們經常好奇他的大腦到底如何運作。

「嗯，為什麼？」我這樣回答。

友人們先是沉默，然後放聲大笑；若果要具體描述因由，就是我總是無法戒掉用問題來回答問題的惡習。德語裡面有這樣的一句說話：「Warum ist die Banane krumm?」字面上的意思大概是「為什麼香蕉是彎的？」而我相信它其中一個含義就是用來形容我這種經常問問題或是那種「打爛沙盤問到篤」的人，並調侃什麼都問過究竟的劣根性。然而實際上，我覺得這或者可能就是他們民族自嘲的一部分。整體上德國人問的問題可是出乎意料的多——比方說P，P的問題多到讓我覺得他壓根兒是害怕空氣太過清靜。但至少，德國人良好地掌握各種讓人感到親近的方式（就像我看德國版*Ninja Warrior*都會看到女主持人跟參賽者進行賽後訪問的時候靠得好近，近到一個地步是快要身貼身的那種；與其說是陌生人，看起來肢體語言都像認識好久的老朋友），任由他們當中誰噓寒問暖，都不會讓人覺得刻意客套的突兀。

隨著時間的流逝，我慢慢發現德國人比較擅長問實際的問題，那與我經常問出虛無縹緲的問題帶著根本性的分別。我忽然想起曾經有人問過我想要怎樣的生活，例如是不是想要徹底知道可以知道的一切真相的那種生活。那個時候，我在電車裡面，電車大概駛至石塘咀一帶，他剛好說到小時候的生活，說到在游泳隊的事，說到自由式和蝶式是他最擅長的項目；然後聊到《查拉圖斯特拉如是說》，聊到當時不黯網絡的艾倫．狄波頓在批評他新書的留言下面留下以為只有自己和對方看到的生氣回覆。然後我很清楚自己稍為有點被周邊環境拉開了注意力。面對這場互相了解的基本對答，我有點心不在焉（直到現在仍然無法得知當時對方有沒有察覺得到我確實在途中走神了）。

那天我們交換了很多生命中的過去；說得好聽，就是當時那個年紀對世界的看法。不過現在回想起來，當中也包括了不少年少無知對世界的輕視。我們從卡斯帕．大衛．弗雷德里希聊到《美國恐怖故事》，說到倫敦的天氣、討厭的食物、有好感的味道、荷蘭的賭場（那個贏了一輩子都花不完的財富然後放棄博士學位的男孩），以及我小時候孤獨地長大、會一個人在家裡自己跟自己下象棋的日子。當時沒有所謂的社交距離，我們並不需要長期戴上口罩。直到談及馬克．羅斯科的色塊，直到我想起剛才在展覽廳裡面一樣心不在焉，直到我因為電車的關係想起了《封鎖》。我們敞開心扉，回答對方的問題，也告訴對方我們想要告訴對方的一切；只是隨著這場電車之旅的完結一切便煙消雲散。張愛玲寫道：「封鎖期間的一切，等於沒有發生。」真的，只不過是打了個盹、做了一個不近人情的夢。然後他問的這一個問題，好像把我一瞬間拉回到電車本身。

我往往只追求事實和事實的全部，並不曾思考問題是否能夠獲得真正的答案，所以現在我終於知道我就是「Warum ist die Banane krumm?」要調侃的那類人了。

我點頭。因為我知道自己特別喜歡問為什麼。大概是我在尋找答案的過程裡面填充、否定或認同我腦袋裡面幻想的所有事情。他繼續問，問我是不是認為尋找答案的過程是了解自己和自己所正在進行的生活的最好辨法，抑或只是為了滿足好奇心。我再次點頭，雖然我不知道是為什麼。我認為自己無法含糊不清地過日子，縱使會帶來無數的失望和諸多不便，我還是傾向要尋根究底。我單純覺得在所有層面上遇到不明所以的地方，都應該盡量找方法了解實際情況，是不是為了好奇心呢？我都不知道。只是約莫覺得，在這一方面，自己的個性大抵跟德國人有點相像。「Warum ist die Banane krumm?」儘管用來嘲笑我吧。

後來某次，我在斯德哥爾摩的圖書館裡跟朋友們說起復活節的彩色羽毛裝飾，我好奇的問：「那是代表什麼節日意義？」結果幾個瑞典女孩你眼看我眼，似乎當中並無任何一個人知道彩色羽毛在這種情況下的特別用意。「應該就是為了好看？」有人首先說出想法，然後跟大家交換了眼色，似乎自己的內心深處都對此感到困惑，帶有一種「到底我們這樣做是不是單純只為了美觀」的疑惑。然後有人搭腔：「多年來大家都跟從傳統習俗，可是在聽到這個問題之前都沒有想要去問這是為了什麼。我現在好想知道。」我們在圖書館發出了超出可接受範圍多一點點聲浪的笑聲，各自拿出手機查探復活節要選用彩色羽毛裝飾的原因。比方說是用來掃走寒冷沉悶的冬天，或是用來比擬作女巫的掃把的道具，又或是純粹為了沒花開的四月多加一點漂亮的顏色諸如此類粗略而沒有確切來源的說法。我想起了自己總是在雞毛蒜皮的事上尋根究底吹毛求疵的龜毛行為，也許我問的問題太多了，忽略了自己也可以像瑞典人一樣**善—意—地**—忽略細節。

他們處世的作風非常簡單清晰：幸福並不需要過度追求，也不怨天尤人；只管好好的做好自己，不比別人好一點，也不比別人遜一點；不聊八卦、不影響他人，冷靜內斂同時帶一點神秘；可以忽略的細節都忽略，可以忘記的無謂事情都不記在心頭。他們性格如外界所描述一樣溫和內斂、寡言、靦腆、謙虛、克制；似乎就是人類進化到一個無須比併的程度、一個就連競爭也覺得無謂的程度，並由這種性格特質，建立出平和又自在的生活態度。

有時我覺得活得像瑞典人比較有優勢，能夠無欲無求地平靜處事也是我的最大目標；可是有時又覺得活得像德國人比較好，踴躍發問反映的是對生活充滿熱情和關注，這樣算得上是人生的一種最大收穫吧？

看，回到用問題回答問題的部分，我始終還是沒有進步。在選定答案之後，還是傾向加上問號。

「或者是Alster？」縱使我實在不確定，但出於禮貌，面對問題，而且是二選一的簡單問題，似乎還是得選定一個答案比較好。況且以我這種「想太多」的性格，還得加上補充資料，不然就不合乎那說話滔滔不絕的人物特性：「但我覺得自己還沒有把地方透徹了解到能夠有信心地說出自己比較喜歡哪一邊。」

我當時以為這不過是P用來度過空白、充撐場面的提問，後來我才知道原來這是一條屬於漢堡人的問題——一條屬於漢堡人榮譽的問題。我在漢堡的地方報紙上讀到Alster和Elbe的專題報道，詳盡比較兩者的分別，漢堡每年夏天最受歡迎地方的對決。到底人們愛呆在湖狀的Alster旁邊，還是喜歡觀景開揚的Elbe河畔？前者有小白帆船和天鵝坐陣；後者有集裝箱船和大型遊輪，也有海鷗飛翔。

只要一說到天鵝，可以說的東西真是太多。天鵝在漢堡擁有非一般的地位，例如只要說到知名地標，很直接就會是市中心正中間那住滿天鵝的小湖泊，而不是什麼老舊的歷史地標，也不會是組成天際線的任何一個特殊建築。每年十二月，天氣漸漸變冷的時候，平日養尊處優的天鵝會從湖泊被人工手動搬遷到特定的暖水池，就像灰姑娘一樣，只要時間一到，就被迫趕著回家。趁在湖水開始邁向結冰的溫度以前，漢堡最著名的天鵝照顧者Schwanenvater（我照字面擅自把他譯作「天鵝爸」）便會帶同他的助手們開著藍色快艇把非常漂亮的天鵝帶走，將牠們運到暖水池度過湖水結冰的寒冬。每年一度大名鼎鼎的搬遷事件，我最先是在報紙新聞上面看到的。報道相關專題的同時還會派出拍攝小組跟進，新聞短片裡面可以看到，快艇首先會在外圍驅趕，將天鵝圍堵在湖中間。我雖然描述得有點暴力，但整個過程極度溫和，工作人員慢慢給牠們戴上暫時性腳鐐——用魔術貼小心翼翼地把牠們的小鵝腿逐隻綁好。天鵝兩腿被纏在一起之後便不會作出反抗；牠們像童話故事書封面，一隻又一個隻乖巧溫馴地並列而坐在快艇上面，被帶到暖水池過冬。「天鵝爸」名副其實就是漢堡天鵝的守護人，也是德國漢堡市悠久而來一份非常重要的特殊職業。他轄下的團隊平日可能沒有特別讓人注意，但卻日以繼夜在不同角落照顧和協助天鵝的各種需要。按照公開資料顯示，「天鵝爸」旗下有九艘快艇、一輛急救車和一頭服務犬。每當天鵝被電線纏住或是吃錯有毒物或垃圾，他們便會出動。可愛又麻煩的天鵝單單是在去年犯錯、遇難或是變成笨蛋被卡住不能動彈高達一千三百次，每次都靠「天鵝爸」的團隊出動營救。目前全漢堡約有六百隻天鵝，住在市中心最好觀景單位的天鵝群就有約莫一百二十隻，當中最年長的天鵝已經超過二十歲。三百多年前成立「天鵝辦公室」的那天，漢堡參議會就立下法例保護漢堡天鵝永久的安全；那個時候立下的法例至今仍然生效，要是有人欺負天鵝，最高可以被判罰入獄三天。

或者因為天鵝的尊貴位置，讓Alster成為我們的熱門選擇。但來漢堡觀光的熱門行程永遠是上看揚帆出海的風光，下看Elbe下的地底隧道；在海岸線上氣勢磅礡的非凡建築和海天一色的美景比較起低調內斂的天鵝還是更能取得旅客心中最有分量的位置；所以漢堡的聖誕節暖酒杯還會刻上靠住海岸線贏得的「德國最美麗城市」字眼。

***

說到這裡，我為著避開在面前飛來飛去的黃蜂，歪斜著身子。我倒是沒想到黃蜂對檯面的三文治和意粉這麼感興趣，來來回回，似乎沒有離開的想法。美國人用手拿起杯子敏捷地反轉蓋住從旁邊飛到我們面前、陰魂不散一直死纏爛打的黃蜂。

「在德國殺死黃蜂是犯法的喔。」P提醒著。

漢堡戶外出現黃蜂的比率雖然沒有柏林這麼高，但只要來到夏天，就很難避開和黃蜂四目交投的機會。

「什麼？」他的反應跟我當初的完全一樣，無論表情和聲調。

P指著已經被透明杯子蓋住的黃蜂，說：「盛惠五萬歐羅。」

美國人嚇得立即把反蓋在檯面的杯子拿起，還沒來得及罵幾句髒話，跟光走的黃蜂就已經瞬間飛走。

P解釋德國現有法規如何保護黃蜂，怎樣對維持良好的生態系統作最完善的保護。他先說明黃蜂在這裡是受保護的物種，再交代只有特殊人士如對黃蜂敏感者被黃蜂攻擊時自衛反抗才有機會免去法律責任；P把一切說得像歌劇，有情節、有進程、有語調之分。這些都不過是為了達到阻嚇作用而訂立的法規，事實上從來都沒有聽說過有人因為殺掉黃蜂而被罰款。說到這裡，美國人似乎回復正常心跳似的把縮起來的肩膀重新放低。P澄清德國在不容許人類傷害其他物種的程度上，站在相當前的位置。

德國每樣事情都規劃得非常仔細，而且規條變化不大，轉眼幾十年，一切都還是照樣保留。規矩訂得清清楚楚，條文寫得很結實，一切條理分明對人們（尤其是外來者）來說實在非常便利；這樣的生活，過得比較輕鬆。你能夠想得到的問題，都可以換來確實又肯定的答案。這是對於我這種喜歡問「Warum ist die Banane krumm?」的人來說是非常友善的國度，非常適合我生存。可是我又發現自己還是像瑞典人一樣，有點傾向過著沒有確實答案的生活。

這麼複雜又麻煩，可以說是我的致命傷。

不同時間的我重新遇上這一道電車上的問題，答案隨著我的成長，慢慢就變得不再一樣。至少，現在的我不會再那樣肯定地點頭。我開始接受世界上的事情會有不清不楚的地方，學會說「就這樣吧」，變得想要省略解釋、直截了當，甚至開始相信沒有特定答案、也包容了沒有特定答案的好。

但是來到這裡，我好像被德國人當頭棒喝一樣，喜歡這樣那樣非常清楚的指示。無論罰款五萬或是判監三天，他們都一直漫長地保留，白紙黑字寫得清楚又乾脆，那我為什麼要躲懶接受世界上模糊不清的裂縫和缺口？儘管我想要簡練直接的人生，但我也可以一樣要求那是一切清楚明白的人生，而不是簡約得把重要的細節和因由都通通忽略的人生。

那一趟電車不過是我人生裡面其中一件無關痛癢的小事，沒有像其他驚濤駭浪的過去或刻骨銘心的回憶那樣過盡千帆皆不是，斜暉脈脈水悠悠，但可算是確立了我對自己所追求的生活方向。雖然當時覺得自己心不在焉的片刻竟然像被催眠後回到現場一樣歷歷在目（甚至比當時更清楚周遭的細節），只是我已經再不是當時的自己。或者生命裡面總是有些人和事會在你不經意的瞬間從心底通過血管刺激到皮膚游離的神經末梢，像夜裡忽然劃過車輛因緊急事故而發出的警號聲，在一片寧靜之間強烈衝擊平穩的心靈；然後再次褪得不留痕跡。

我暴露在明亮的初夏陽光之下，心裡一再思考著，到底是什麼讓我掌控的方向盤顛三倒四的混亂起來？在學校沒有遇到不順利的地方，當研究助理時認識到各個非常努力又良善的導師更讓我更加精力旺盛地前進。到底是什麼障礙為我帶來轉變？雖然我還是在找答案的路途上，但可以肯定的是，德國人尋根究底、事事認真的特性讓我重新認識自己。現在我再三確認我已經擺脫了在中場迷失那個恰如其分自己，重新找回那個為著問題一直追究到底的本我。

反正就是自己的人生，想要怎樣過，就怎樣過吧！

Take a long walk

008 生豬肉

在漢堡讓我最嘆為觀止的畫面是——每次在超級市場新鮮肉類的攤檔位置，都會看見超市肉檔當值員工直接在鮮肉櫃裡拿出香腸，送給肉櫃外邊正在列隊與父母同行買肉的小孩。

小孩像獲得什麼有趣玩具一樣瞳孔放大地接過香腸，二話不說就一口咬下去，一副見怪不怪「我每次來到都是這樣吃」的樣子，吃得津津有味，像呼吸一樣自然（我甚至沒看到他有徵求母親的同意），看上去非常幸福的樣子。我隔著兩個人的身位，看著覺得訝異，話也說不出來；我下意識整理一下購物籃裡面的東西，努力嘗試收起吃驚的樣子，肩膀忽然有點僵硬，骨子裡好像有誰叫住我，叫我不要太過失禮。

起初，我並不了解這看起來似乎是已經經過加工的香腸到底是生還是熟（後來我知道是熟），但它毫無疑問就是安置在生豬肉的旁邊。兩個金屬盤子並列，只有一厘米之隔。我退後一萬步也不曾想到，放在生肉旁邊的香腸是能夠直接食用的一種。這種讓我內心劇烈顫抖、衝擊我思緒的各種離奇古怪的腦袋衝突事件，正正可能就是讓我喜歡在深邃的世界每個角落住上幾年的最大原因——帶有驚喜的刺激。

如果撇開香腸的生熟，超級市場對待小孩的友善舉動是我想像以外的招待。無論伸手的姿勢、殷勤的眼神，都像酒店裡面招呼常客的貴賓級禮遇（往後我在毛冷廠，發現廠方在付款處都有準備一排又一排高級巧克力，準備送給耐心陪伴各種年紀的女性來買毛線的孩子和丈夫們）。我從小就被灌輸「豬肉一定要烹調至完全熟透才可以食用」，因為生豬肉裡面可能帶有旋毛蟲、豬肉條蟲；如果沒有用高溫把寄生蟲完全殺死，吃進肚子以後很可能會生病。沒想到德國小孩這一口津津有味的香腸，頃刻間讓我對豬肉所建立的認知瞬間毀掉，砰砵磅的毀掉。我彷彿聽到自己心裡卑微又悲慘的叫聲，像是發現原來世界另一邊廂有我從來沒有遇過的真相一樣。這個讓我毛骨悚然的畫面，在德國人眼裡是絕對的理所當然：可愛的小孩獲得超市切肉員所送贈的新鮮香腸，實屬正常不過。

隨著目擊小孩拿著（生豬肉旁邊的）香腸直接吃下去的次數累計增加，我好像開始對德國人這種不介意生熟並列的態度司空見慣。這件事在內心溜溜的轉了幾個圈，隨即變成模糊的記憶，消失在腦海；我也沒有再因為小孩在超級市場隨便吃下可能沾到生豬肉的香腸而再度深受打擊。看來我身體的每一個部分都非常恰當妥善地發揮各自獨特的機能，適當地調節來應付這個世界。我在想，這份處之泰然或者可以算是我放下包袱、融入當地、嘗試跨越門檻入鄉隨俗的其中最重要一步，每一個突破口都代表我成功地一點一點的認識自己。

我記得那來自波斯尼亞、在德國住上了許多年的男生說，他認為真正在異地活著並不只是尋找自己能夠適應的方案，而是在別地文化的特色裡面找到了入口，探頭進去，慢慢的沿著滿布荊棘的小路前進，摸索出平穩的通道，然後成功地活下來——用對方的方式套在自己身上**成功地活下來**。乍聽起來感覺上有點像「披上羊皮的狼」，但當然並不是披住羊皮的狼的那個意思。這不是「一個波斯尼亞男孩在德國活著」，這會是「一個波斯尼亞男孩用德國人的方式活著」，兩者雖然相似但不一樣。他用讀說明書的方式向我釐清當中微細的分別，並告訴我：「要是只是用自己的方式活在德國，未免有點太不禮貌。」他語調相當誠懇，好像想要用他肯定的聲線把我不知道存放在哪個地方的疑慮驅散開去似的一樣，非常殷切。

我如沐春風。反正我也要走出第一步，現在看來，「用德國人的方式生活」的方案似乎擁有可以走得更加穩當的支援。

就像在日本旅行時前往神社參拜需要遵循規則的那樣，按部就班循規蹈矩。只是這一趟需要把一次性的旅行體驗換成長期作戰，認清和記住習俗與慣性把它們收在心裡面，然後把它們變成屬於自己的東西。這樣我就好像能理解為什麼自己拼命地學習德語——並不是為了生活上的便利，而是為了從溝通和溝通的方式中找到什麼，然後把這種什麼轉化成為屬於自己的某種東西（當時的自己可能無法得知獲得了什麼，也不知道這些微細的小事情在往後如何改變我們生活的軌跡）。

我漸漸相信人們所說，自己眼睛所看到的都是我們願意看到的。

作為對自己的回報、也是對德國的最大尊重，我想，我最好徹徹底底的從生活各個最基本的位置出發，嘗試從不同角度認識這個地方，包括歷史、法律、人民的生活、作息時間、傳統活動，甚至是老派約會文化。例如，先從吃的關口開始選定，叩響每一道德式大門（以往旅行時就有過一次吃血腸的經驗）。在新的場所過新的生活，例如當我在漢堡住下來之後，每天早上起來，梳洗過後就會去麵包店（每逢星期二、五就會到農夫市集的麵包檔）買麵包。我決定我得先要吃遍他們的各種麵包——就是文字上面的意思。看到未吃過的款式都買回來，直到吃過他們全部、各種、每一款麵包為止。麵包店並不會對每一種麵包寫下非常詳盡的文字介紹，所以我只好每一款都買回來，用自己的味蕾和觀察做筆記。我認為只要這樣做，就能順應風勢走到正確的地方。

剛來到德國的時候，第一件事就是跟人聊我在漢堡遇到的各種麵包。以往在慕尼黑旅行買到的傳統Brezel在漢堡可以說得上是無法存在的特異個體，這個時候我才真正知道，單單是麵包，就有東西南北之分。Brezel的硬口感沒有特別讓我難受，但我總是覺得吃起來納悶，它給我唯一最大的好處是擺放的便利（也是我所喜歡的地方）。我當時大概就是學會了吃到一半就把留有牙齒咬過的凹痕的麵包退回麵包袋裡面再隨便的塞回口袋，就像在超級市場購物後隨手把收據往衣服口袋裡擠的那樣往裡面擠，再等到下一次想要吃的時候再拿出來。這種硬麵包似乎對德國北部城市完全沒有吸引力，我甚至完全沒有見過任何一間漢堡的麵包店有賣Brezel。而作為北部主要大城市之一的漢堡，當然擁有屬於自己的「鎮市之寶」（慕尼黑有Brezel，要是漢堡沒有自己的麵包也實在說不過去）。我並不知道說成「漢堡獨有」是不是正確的形容，畢竟我無法知道世界上會不會有哪個地方一樣賣著這款其貌不揚的麵包，但我之所以會這樣說，無非就是當我離開漢堡市中心範圍、稍為來到偏遠的近郊就已經很難發現這款麵包的蹤影。我把這個鎮市之寶稱為「被壓扁的牛角包」，而它的而且確看起來就是長成這個樣子。就像平日星巴克的職員用烘機烘熱芝士火腿牛角包一樣，整個麵包被壓成只有

一、兩厘米的厚度，看起來又扁又醜，好像被放在背包裡面不小心被壓壞的樣子——這就是我對Franzbrötchen的第一印象。

我有種錯覺，這個麵包似乎就是我命定的夢中情人。我來漢堡，就是為了遇上它；其他的麵包怎樣的，似乎都與我毫不相關。

在漢堡日積月累的買麵包經驗告訴我，只要稍為晚一點（大概就是正午之後、最遲兩點）去麵包店，想要買Franzbrötchen的願望便會被擊潰，因為它一定早早就被賣清光。

一直在吃漢堡的麵包、讀漢堡的歷史、學習漢堡人的生活方式，我漸漸對我在這裡找到而喜歡的一切非常好奇，而關於我所深愛的Franzbrötchen，故事的開端據說是這樣的：十九世紀開初，拿破崙法國時期過後有過這樣的一個傳說，當時的麵包師傅自創花招，沒事無聊就將想像中的法國麵包弄成這個樣子，趁著大家沉迷法國麵包的熱潮湊一個熱鬧。不過朋友的父母跟我說，這其實是個都市傳說，他們傾向相信另一個比較實在的說法——這個麵包起源於接近三百年前，使用（當時還是屬於丹麥的）阿爾托納區麵包店的食譜製作而成。朋友的母親嘗試給我多一點補充資訊，說可以讓我當成民間故事一樣寫下來。明確得知的有這一點：Franzbrötchen最早的文字紀錄，就是當時宣傳單張寫著「一大片非常肥美的圓形捲曲法國麵包」。她說這家擁有初版食譜的麵包店由當時丹麥國王Frederick V於一七四七年創辦，當時其實是為難民開設，所以規定了麵包店有任何時間必須提供優質麵包的義務，這是賦予擁有出售炸麵包的特別權利之外的特定義務。這個麵包店由家族經營了三代，讓美好的Franzbrötchen一直在漢堡販賣至今。

平日我就是這樣泡一杯咖啡，吃著麵包聽故事。想要徹徹底底入鄉隨俗，是要伴隨某些代價、經過重重阻撓和波折，或許得要推翻我某些既有的價值觀，或是衝擊我認知裡面覺得理所當然的行為（有時也會很簡單，並不是每次需要經歷披荊斬棘的過程）。而我在漢堡的這一步，跨在某個適合聽交響曲的天氣的周末上午，我們前往了一家在戰後一直開業至今的傳統德國酒吧。

漢堡並不像布魯塞爾市中心，酒吧不會等到正午才施施然的開門營業，也不會看到侍應在正午過後才慢條斯理的抹酒杯。雖然藍天空捲上了一層灰色的霧，但對漢堡來說勉強還算得上是個晴朗的早上。傳統的德國酒吧開得很早，餐牌上是一列完整的早餐目錄。這個二戰後三年開業的老酒吧落在漢堡教堂對面的不遠處，逾半世紀一直全日供應各種餐點，從清晨早餐賣到深宵美食。酒吧裡面各種舊式佈置都乾淨企理，既不浮誇又不張狂，一貫平庸樸實，跟德國人追求實際的作風非常吻合。明明就是從歲數看起來可以說是漢堡數一數二最大年紀的傳統酒吧，卻像用修圖軟件將瑕疵修掉，打掃得沒有半點歲月痕跡。

當年我的德語只有初階程度，心知肚明應用在對話上會顯得有難度，所以在點菜之前，就先要商量好內容，然後以二人之力，合作點了兩個早餐，過程勉強可以說是順利。

我們從早餐餐牌點來一份英式早餐和一份德式早餐。早餐送來的時候這邊一盤、那邊一盤；這邊一大碟、那邊一小碟，全部放得妥妥當當，檯面的空間一下子就被用光了。這兩個早餐比我想像中要豐富很多。英式早餐非常合情理的是Full English Breakfast，但德式早餐送來的時候除了見到預期會見到的香腸，在其他眾多盤子裡面還出現一小盤粉紅色的嫩肉。這團粉紅色的肉碎看起來比牛肉他他要淡色一個圈。我記得正常的生牛肉是深暗紅色的，是深紅色五爪蘋果的那種顏色，但這一團肉碎看起比粉紅色的水蜜桃還要淺色一點，那種粉紅貼近手指指甲底下的嫩粉色調，直覺告訴我，那毫無疑問是豬肉。我一直盯住這盤肉碎，好像它的存在似乎將要影響世界某些重要的運作一樣，緊緊盯住它。

Take a long walk

這一瞬間，那個小孩在超級市場接過生豬肉旁邊的香腸直接吃下去的畫面像潮漲一樣要湧回來了。

我考慮到粉紅色到底會不會是燈光導致的誤會，我特地瞪大眼睛以另一個角度重新再度認真審視眼前這一小盤肉，並對這種程度的粉紅色稍微作出思考，究竟這團肉碎是全生的豬肉，還是像某些三文魚一樣經過煙燻或加工？看在這豐盛的早餐份上，嘗試給自己一個解釋：這或者可能未必是完全的生肉狀態（沒想到我也有不錯的自我安慰本事）。雖然誰都看不到我內心的僵持，但在這數十秒裡面我已經反覆思考過千萬種可能。

感覺就是好像有人把莫奈的 *Still life with Meat* 端到我跟前的一樣。

要不要吃一口？

以往我在牛津就沒有拿出過勇氣來吃兔肉。現在的我，要準備吃生豬肉嗎？

當時的我始料不及的是有一天自己會在毫無心理準備的情況下，被檯面上咄咄迫人的生豬肉針鋒相對。這盤免治肉碎跟牛肉他他不一樣的地方是，它在碟上存在的方式和它旁邊的餐具意味著它是用來配麵包吃。不知道哪來的勇氣，我拿起麵包，硬著頭皮，抹一攤肉碎，大口大口的吃下去。當然沒有跟喝酒一樣在口裡涮來涮去讓舌頭和口腔全方位品嚐，但我還是咕嚕咕嚕的吞下去。在吞嚥的過程，嘴巴的肌肉和舌頭的觸感讓我想起了吞拿魚。直到把一整塊麵包吃完，我才確定這絕對是沒有煮過的生豬肉。我呼一口氣，總算是找到了一個機會，給自己有名正言順的理由把生豬肉放入口，而整個過程已經完結。

侍應生禮貌地在我們吃到一半的時候過來詢問食物質素。我並沒有想要掩飾自己的無知，倒是想厚著面皮得到專人確定，就是為了得到絕對的答案。

我指著盤子，用誠懇的眼神問：「這其實是什麼？」

她跟我確認這是沒有經過任何加熱的免治豬肉（當時我們已經把它全部吃清光）。

「經過調味的嫩豬肉碎在漢堡大概算是很常見的地道菜？」她說的時候用上問句，大概是因為知道我們竟然沒有吃過但又不好意思讓我們尷尬吧。她繼續說：「用加入洋蔥的嫩豬肉碎來當早餐是德國北方的傳統習慣。」

她用手指指著被我們吃光了的那個盤子，好像非常滿意我們把整盤吃掉，展露一副生豬肉被外國人欣賞了的洋洋自得的笑容，非常落力的再三解釋，包括告訴我們這些經調味的生豬肉叫Mett。「製作Mett要用上最新鮮的豬肉，不能用隔夜豬肉。這不是給人獵奇的奇怪食物，我自己也會配麵包當作早餐。」她陸陸續續跟我們說著Mett的各種資訊。例如Mett的延伸產物還有Mettigel（意思是用洋蔥將Mett裝扮成一隻刺蝟）。

我一邊聽著她的講解，一邊思考為什麼剛才竟然完全沒吃出想像裡面會出現的那種腥味。我把她說的話認認真真地記下來，這樣做並不是為了成為某個方面的專家，我只不過想要從真實的用家身上得到基本的知識。

德式家常菜總是有種油膩的味道，德國豬腳、炸豬排，各種分量大、熱量高，全部都是又飽又膩的菜式。我知道德國人無肉不歡，只是我沒想到，嗜肉如命的程度還包括吃生豬肉。及後兩天，漢堡連綿地下起細雨，我特別在用餐以後加倍留意自己的肚子對這場早餐的反應，可以肯定的是這四十八個小時都沒有感到腸胃異常（起初我還以為會引發「心理肚痛」）。這次的體驗除了是對生豬肉的，也是對我自己的。我忽然回想起當年沒有在牛津吃兔子還是有點後悔，那個時候的我為什麼不拿出勇氣去吃一口呢？後悔的並不是對兔肉味道的好奇，後悔的是我為什麼沒有勇氣踏出去了解當地人的口味和日常。我覺得自己和其他人相反的是年輕的我比長大後的我更故步自封，為什麼我要等日子一天一天過去才敢跨下一步作出不同的嘗試？就像我一直批評自己最大的缺點：慢半拍——別人等著我表演好戲連場的時候我總是羞愧地躲在一邊，然後人去樓空我才想要像螢火蟲一樣流啊流。

不過就是一口接一口的把整個小碟的免治豬肉吃完，但對我來說算得上是心理上極為跳躍的極端轉換。雖然當中帶有第一次在日本吃生雞蛋拌飯一樣的心情，帶著疑惑和肩上浸泡著寒氣的感覺，挑戰自己從未吃過的東西並不是第一次，但這一次的潭似乎更深。嫩豬肉碎的等級有點玄妙，這跟「只要在日本我都敢吃生雞蛋」的情況並不一樣。我跟同行的英國魂討論到這道免治豬肉，說到縱然我們剛才「三扒兩撥」的將整盤吃掉，但只要換了場景，我們還是無法一時三刻動搖對生豬肉保持距離敬而遠之的守舊念頭。離開了吃生豬肉的最好場所，我們便沒有再碰過這道菜式了。甚至日後再來一趟，我大概都不會想要吃——這一點我非常肯定。但往後談起，我們還是對當時沒有躡手躡腳面對新生活的自己感到相當敬佩。

009 老派約會

1、

離開漢堡的決定，比我想像中來得更快更急。我一直以為自己是選擇困難症患者，但只要來到像這種我非常樂意選定的關口，我就毫不猶豫地衝向目標。我的心已經向上北溜，跳過我最念念不忘的哥本哈根，直奔斯德哥爾摩。

以數算實際日子的方式來計算，基本上毫不趕急，還可以說是周詳地考量過後才下的決定。只是當時正值疫情初期，到處聽到封城的消息、商店限制人流的措施、目睹衛生紙被買光、超市為了不讓人擔心特意上架五公斤一大包的意粉等等的突發瑣碎事情太多。一眨眼，整件搬家的事情就已經來到最後階段，行李已經打包好，房子清空，一切又還原成我到達之前的樣子。我想像如何認真地跟一個地方告別，是不是會像出國留學並即將跟情人相隔異地的人們，除了分離之前深情擁抱，就是前往從未到過的角落遊山玩水留下美麗的回憶（雖然話是這麼說，而我也確確實實有這種想法，不過實際上我每次離開之前都不過重複平日的舉動，繼續前往平日會到的地方而已）。

因為疫情，我似乎走得相當倉促，倉促得讓我對漢堡的不告而別顯得有點太不近人情。我不捨得的是風光如畫的軀殼下牢牢扣住的是老套又實際的內在；不過老天待我太好，永遠讓我選擇是不是要把什麼甩在身後，而不是什麼想甩掉我。漢堡沒有不好，而我也沒有不喜歡漢堡，只是生活就是這個樣子，而我則是一塊超級磁石，往往讓我被所喜歡的地方一直吸過去，向著我一無所知卻又相當期盼的新地方緩緩前進。

來到斯德哥爾摩之後，我在瑞典的電視台看到瑞典語字幕的《色．戒》。「這個人是真愛我的，她突然想，心下轟然一聲，若有所失。」我看到王佳芝的猶豫和掙扎，然後一句「快走」，易先生接著就跑出去，跳進轎車，就這樣消失在大街之上。在我看來，我就是走得這樣倉促。

留下王佳芝一個人在街上戒慎地走著。她警惕地跳上黃包車，車夫問：「回家？」

嗯，她要回去哪裡？而我呢？屬於我的「回家」縱然在意義上沒有改變但實實在在的卻在現實生活中徹頭徹尾的改變了。為著一個新的家，我某程度上又要面對「若有所失」這四個字。

2、

只要我還在這裡，就想往外跑。就像以前曾經多麼捨不得讓我醉生夢死的牛津（唯獨討厭那永遠無法徹底散去的潮濕空氣），現在我換了幾個住處之後，又再有更捨不得的地方了。就像離開一個人以後才想念她，在雙手放她揚長而去以後，才發現自己輪迴在兩人各個回憶點之間。不過那是無論怎樣努力思念，都已經無法挽回的事情；我和那個地方的交疊發生在某個特定年歲裡面，以後再回去生活，都再不會是當時的那個版本了。所以人們喜歡《羅密歐與茱麗葉》、喜歡《少年維特的煩惱》，因為他們面對所有事情都好像整個人生裡面最重要的就只有這一次，就像看到一千零一次最美好的人生——我們那擁有過或想要擁有的年輕熱血的狂妄歲月。

3、

我和漢堡的分手，總算有過美好的回憶。來到學校的開初，德國籍的教授前後給我兩個特別推薦。她熱情地把兩個在漢堡最具意義、最有代表性的項目(其實也沒有多少)告訴剛來到沒多久的我。一是乘坐輪船遊覽海港風光，順道乘上海陸兩用的水巴士滿足獵奇的心；另一個是年末壓軸的跨年活動：到電影院看默劇。

如果沒有到過漢堡，到電影院看默劇這回事一定不會發生在我身上。

教授的年齡要大我幾圈，她所大力加持的兩個項目都是當地最老派不過的約會節目。她把兩個節目的德語名字寫在白紙上面，甚至畫出一張簡易的漢堡地圖，並好像要跟我確認程序似的來了一場資料性豐富的對話：告訴我乘船出海的路線應該要怎樣出發、怎樣繞圈、怎樣回來才最合乎時間考量又能獲得最多無與倫比的美麗畫面。我把這份看起來像是特製的詳細機密路線圖好好收起來留念(雖然離開前的收拾又痛苦又混亂，但我仍然把這具備溫度的手寫字條一併塞進行李箱)。我最終沒有乘船出海暢遊讓漢堡人驕傲的易北河；但我還是有入鄉隨俗地去看默劇過年，算是在這個發達年代下一個最出其不意的老派約會。

結果不出所料，那斷然不是給年輕人玩天光的戲碼，而是像教授一樣優雅的慢板消遣。

4、

「那就來一場老派約會！」我是拿著這樣的心態，甚至有種飄飄然。

我喜歡到冰室吃蛋撻、晚飯後逛海旁，甚至只喜歡坐電車、乘渡海小輪的那種老套怪。跟我約會，用不著去最新的咖啡店或是吃新派的fusion菜；我只想找個老地方蹓躂，就像十年前、廿年前深愛過的情侶一樣，在幾十年後做著一模一樣不會厭倦的事情。

老派約會最浪漫的地方是沒有高科技的需要，而且每一個細節都簡簡單單清清脆脆，只需要朝著適當的地方前進。這樣能夠寫下的回憶點相對簡單，也可以清楚記得當時兩個人之間存在過的所有感覺。或者這就像那些所有人都想要回到的日子——在人生最輕狂的歲月，那些讓自己最體無完膚的經歷、那段一切所有微小事項都極具意義的某個特定歲月。

5、

「過年默劇」被視為漢堡最傳統的年末壓軸活動，只有在聖誕後新年前、四周都被染上一層白色之後才上映的特別節目。以我所理解，這一節日限定的默劇每年都選上不同的劇目，在指定日子裡循環上演，一直演到除夕。我提早兩星期在市中心的電影院買下電子票（抱歉無法持續老派地進行每個步驟），座位表顯示的是上下兩層觀影廳，這一點一點都不像香港的電影院，反而有點像劇場。那個時候買票已經算不上是非常有優勢的時間，屏幕畫面泛著一層灰色，超過一半的位置已經被劃走，剩下小部分零零星星的空白。

我發現過年默劇跟普通電影最大的不同是，以往在德國到普通電影院看電影都不設劃位，愛坐哪裡都可以在進場後自由決定，半場還附帶中場休息時間，電影播到一半還會停下來讓你買啤酒喝，我並不清楚是不是所有電影院都是這樣，反正我印象裡的就是這樣（當然中場休息並不是哪裡都有）。年末特備默劇是電影院唯一一個設有劃位的項目；我在購票時就選好了電影院上層的座位，心裡對此非常期待；因為這是一次真真正正的老派活動，而不像我在香港冰室吃飯的老派演習。

6、

教授當時在白紙上面寫的是「Metropolis」——那是電影院的名字。Metropolis這個影院就只有一個兩層的放映院。從建築物外圍看起來並沒有任何特殊的地方，方方正正，比平常再平常不過；如果不稍加注意的話，可能就是個很容易被忽略的存在。外邊跟裡面是完全截然不同的兩個世界，外邊看是水泥色的正方盒，裡面卻像是別有洞天的老派放映房。進場後

Take a long walk

的我才知道，放映場內的支架、裝飾、舞台、天花、燈管等等通通都是由舊址搬過來重新組裝，舊址裡面能夠被拆下帶走的，全部都一一被拆走搬過來重新裝嵌。裡面有足夠大的氣場令你把外邊水泥色淡而無味的外牆完全忘掉。

Metropolis的氛圍有點像油麻地電影中心。我站在電影院地面層的電影資料看板面前，發現大部分的場次都被規劃成不同主題的經典舊戲放映周（主要圍繞當地電影）。等候區設在地庫，進場前不會看到有爆谷販售，但等待的時候可以坐下來在昏暗的燈光下喝一、兩杯酒。與我想像中契合的是，來看默劇的都是上了年紀的老觀眾，平均年齡大約為五十歲到六十歲之間；就觀察所見，大家對流程都非常純熟，好像是出席周年晚宴或是回到學校參加舊生聚會一樣。知道酒在哪裡，節目表又在哪裡。偶爾才出現一、兩組年輕情侶，或是跟家人一起前來的青少年。沒想到在這種充滿違和感的情況下反而讓人更加享受，彷彿覺得自己跳進另一個時空，逃到時光隧道裡面跑到一個循環以前。我剛才發過的短訊、腳上所穿的新鞋、口袋裡的手機，通通都變成讓我抓住自己本來時空的僅餘產物；要是沒有了那些東西，我好像失去了方向，走了一段很長的歲月，忘記了自己身處何年何月何日一樣。而我享受著這樣接近迷失的感覺。

7、

在這個年代看默劇算是很hardcore，但它的趣味不就正正是在這裡？

這次的過年劇目是*Der Himmel auf Erden*。我在購票後、看劇前翻查過一些基本資料，電影的中文譯名是《人間天堂》，一九二七年製作的黑白無聲喜劇，片長一百一十三分鐘。默劇間中出現德語間幕，就是整個畫面換黑、只餘下巨大白色字幕那種。整齣過年默劇就像美劇*Watchmen*裡面影院爆炸的那一段，屏幕上播放著畫面的同時，旁邊有人現場彈奏鋼琴配樂。漢堡這一部超過一百分鐘的無聲電影就由在場二十多人的樂團現場即席演奏，一切完美到位。

8、

開播前，樂團團長在台上發表這一年的年末感言，內容大概是這十多年來每一年的年末默劇都沒有幾次換過團員，大部分都是原班人馬上場，大家一起玩現場伴奏好多年了，可是今年有成員因為進了醫院而不能參與（全場抱歉地嘆氣）；以及他的太太怎樣怎樣支撐著他（大家鼓掌）等等的小故事作為這年樂團的一個小總結。

這套默劇成功完整修復九十八個巴仙，看著有種小時候看粵語殘片的感覺——錄製片段格數較少，以致在現代流暢的播放下偶爾會察覺到人物活動會有輕微的跳動，也會看得出修復的痕跡。樂團現場演奏的百多分鐘完整配樂為黑白無聲片段灌入極大活力，彷彿親手現場挖開一條時光隧道讓人時光倒流回到過去。

二十世紀三十年代的默劇比我想像中有更多歧視成分，當中女性身份、皮膚顏色被安置的角色所呈現的階級差異都非常明顯，完全沒半點保留。現在看起來，總是讓我覺得這裡奇怪、那裡奇怪。這種曾經出現過的意識形態，無論被人們再多看幾次都是不可改變的事實。時代不可多得的進步讓舊時人們對世界的看法變成了討厭的低檔次行為，這確是讓我明白真正的老派並不是處處都讓人滿意。要是哪天我真的找到了蟲洞穿越回去三十年代，我大概又可能抵不住那種情況，甩上一千次頭，想要馬上回到現在。

9、

完場後樂團為了答謝大家持續不斷的掌聲，竟然一併站起來給大家安歌。沒有透過揚聲器放大的樂聲聽起來悅耳太多，音符直接從樂器震動空氣傳到耳邊；有一種聽到自己說話聲線的酥麻感。

在影院看默劇看到要安歌，這個結果也實在讓人太意外。過著新派的人生來一場老派約會，能夠沾現代的好處吃著老派的美好，怎樣都是一次不多可得的壯舉。

以後跟我約會，不用策劃精心計算過的活動，我只希望可以請你在日落之後帶我去最老套的場所吃最老派的菜。

Take a long walk

第三部

習慣

換一個姿勢

010 陽光癡迷症

十二月的我從漢堡搬到斯德哥爾摩，馬不停蹄的度過了一年的北歐生活，腦袋再次從根本發現了新大陸。剛來到的時候是冬天，還沒下雪，天氣沒有非常寒冷，我當時覺得不過跟漢堡沒兩樣。出發前朋友就已經語重心長地警告我，斯德哥爾摩的冬天是個非常強大的威脅，黑夜會在下午兩時半襲來，比漢堡的冬夜還要早上一小時，抗抑鬱的心力至少要自行調整強大至本來的一倍。自從到了歐洲生活以後，我就沾上了陽光癡迷症這個病，通常在冬日發作，發作的時候心在不焉，不斷的對黑夜抱怨自憐；黑夜太長，長得好像只有無盡的黑暗。我起初以為這種情況下吃飯的動力減半，食物擠到喉頭都沒意欲吞進肚子去；結果完全相反，沒有藍天以後卻一直猛地在吃，好像只有把東西擠到胃裡，才能抵得住提早來臨的黑暗。我默默地吃午飯，吃完之後把盤子收好，點了一杯咖啡。午飯後我看著藍天逐步發黑，黑到把我的好心情一點一點融化掉。我一邊散步一邊想到《追憶似水年華》裡面的一句話，意思大概是這樣：「真正的發現之旅，不在於尋找新的風景，而在於用新的眼睛去體驗。」

天黑得這麼快，黑得這樣徹底，眼睛無法看清遠處，加上我的個性那麼脆弱；我還應該用什麼眼睛去體驗什麼。

以前讀到《追憶似水年華》這句話的時候，我把它看成調整心情起落的法寶，將它當成疫苗一樣，用針管硬邦邦的打到血管裡面去，好像就可以築成防禦屏障，為著自己的軟弱體質防備著什麼一樣。當時我認為看待事物的方式除了單純是角度，更是自己的心態。風景看舊會變無聊，聊天的對象久了讓人生膩；坐在房子裡看到又老又舊的書櫃又殘又破，窗台的角落又舊又霉。沮喪的時候我總是會在雞蛋裡面挑骨頭，對自己擁有的一切逐一挑剔。單單是一道刮痕、一處凹陷都讓我極度厭惡、急躁不安、變本加厲地抱怨；床墊不夠厚實不好睡、書桌不夠深不好用、天花吊燈的樣式太舊而且過時；最大重點是……我逃不出這裡。我總是吹毛求疵地為了討厭而討厭，給自己找到各種各樣的藉口。我苦惱地搖頭，實在搞不清楚，我既不滿意這個地方，又不滿意自己的心情，可是依舊想不出可以解決的辦法；所以有些時間我都在死胡同中跳來跳去。

然而當我為著其他事情感到焦慮無力的時候，這些種種討厭的歲月痕跡又變成多年來讓我熟悉又感到安全的棲身地。我攤在本來已經跟背景融為一體、讓人不多在意的沙發上，全心全意放下一切埋頭細讀，彷彿之前的一切負能量都似乎完全不屬於這個地方一樣。好心情的自己慨嘆壞心情的自己找自己生氣。陽光灑進來，心情愉悅暢快，眼前一切都立即變得極為美好。新的一個夜晚來到，又過去；在明媚的早晨吃著剛炸好而還未售罄的甜甜圈的時候，我就知道很多事情都總會被搞得清清楚楚。

原本已經擁有的好的壞的，全部都會隨我的心情改變而被新的眼光賦予新的潛力。畢竟天黑只不過是天黑而已。

我積極想要離開的心猛地又平靜回來。因為我知道要是像度假一樣到另一個新的地方短暫放鬆，吃新的食物、看新的風景，然後還是一樣在酒店躺著直到很累、覺得一切不外如是、泛起一種「不也就是這樣罷了」的想法，然後像無數個度假後乘坐回程航班返航的旅客有著一樣的心情：想要回家——並且特別想念使用出自己形狀的床鋪。那麼我就知道，就只有擁有「家」和「途」的對比才能讓彼此各自吸引，所以我得把每個住上幾年的地方稱之為家，因為只有這樣我才可以對「家」和「途」兩者相收。

在斯德哥爾摩住上一個月後，眼前一座又一座顏色和諧又粉嫩的古老房子不再新鮮。每棟建築物的露台大概就是點綴整棟房子外觀最重要的地方，可是露台的美彷彿帶一點客套、帶一點包裝。漢堡的建築物都不是這個顏色的，沒有這種嫩粉橙、沒有這種暖粉紅、沒有雞蛋黃，也沒有冰感藍；我似乎又在想念過去。我搬到一千公里以外的地方，眼前換上新的畫面。我偶爾問自己，雖然新鮮感掉了就會膩，但在每個地方住上幾年就離開（縱然可以把這個說成是獨有的魅力），但我終究會托著腮思考，這到底會不會讓我吃不消？

腳下是石頭和砂粒不斷互相碰撞的聲音。我散步的節奏被地上的砂石擾亂，我剛才問自己的問題仍然沒有答案。石頭混在雪堆之間，踏上去砰砰砰砰的作響，鞋底卡滿了小石塊，走起路來一點都不舒適。這樣的步姿看起來很潦倒。別人看不見的鞋底拖著無數的小石粒，鞋子旁邊勾住了小雪堆，雪的顏色由白轉灰，像一個喝了過多威士忌過後的早晨。總而言之，整個畫面好像把斯德哥爾摩變老了三十年——我心目中所謂下雪的惡，指的大概就是這樣。雪有醜陋的也有好看的，但我為人比較善忘，心情愉悅的時候就什麼都不計較，拿著的尺度也相對寬鬆。只要是下新雪的日子，大雪的白向四周折射出太陽閃亮的光芒，我就已經刻不容緩地說出誇獎的字眼並把它鑑定為美輪美奐的冬日景色。所以如果我說醜，那真是非—常—醜—了。

冬天來得突然、雪下得太快太多，一夜之間就把寬廣的平路完全隱藏起來。撒鹽撒光了存庫的新聞早在荷蘭和德國都有聽聞，沒有下鹽巴的道路極度濕滑，害得冒著寒冬都要騎單車的荷蘭人變成一個又一個滾地葫蘆。斯德哥爾摩在撒鹽以外，還得在路上放下一堆細砂細石，也就是組成醜陋雪景的其中一個必要元素。在十二月中，斯德哥爾摩的道路都會在某個無人在意的夜晚在路面靜靜鋪滿用來準備過度大雪天的小石頭。相比起積雪為走路帶來負擔，這裡總是更先聽到鞋子和石頭激烈碰撞的奇怪聲音。硜硜、硜硜、硜硜硜硜，雪還沒有積起來，就已經看到路邊積滿碎石。皮鞋鞋底會被小石頭刮出咬著砂礫的刺耳聲，這種聲音至少要花上一個下午才能習慣。路邊的小石頭更會隨同鞋底的坑紋被拖回家，每天都需要特別清理大門附近位置散落四周的碎散小石。雖然還未算得上是絕對無聊的工作，但也不能說是什麼特別有趣的過程。

瑞典動輒負雙位數的溫度能夠讓路面輕鬆累積沒有個性的雪，冷得像冰櫃；現在我每個夜晚都可以聽到鏟雪車在行車漸少的車道上滑來滑去把雪堆到一邊清空路面的聲音。強大馬力的摩打轟轟作響，金屬鐵鏟觸地的呼呼聲，一切都很陌生，陌生得我每次聽到這種聲音都會走到窗前確認外邊有沒有發生奇怪的事情。走到街道上可以看到沿路有很多「小心積雪從高空落下」的警告牌，路過簷篷的時候也得要留心屋簷邊緣上面那些一支又一支悄悄結成的尖銳冰錐;行人路上有傾斜的木條擺出阻隔的防守陣,慎防有人走得太近會被溶掉的冰錐和雪堆擊中。我第一次看到屋頂積雪厚成這樣,那至少有我膝蓋的高度。這麼厚的純白積雪美得過分,又滑又乾淨的靜止畫面怎樣看都像虛構的理想畫面。天氣較好的時候(就是停雪的日子),我看到每座大樓都輪流請人清理(就不過是將積雪逐少鏟起從屋頂蓬蓬聲的把雪堆拋到地面),免得雪堆到達臨界點負荷過重而自行掉落釀成意外。不過,還是天氣不好的日子比較多。

在斯德哥爾摩長大的U跟我說,陽光癡迷症得到慰藉的日子出門要格外小心。每年被從高空掉下來的積雪擊傷的人為數不少,也有人因此喪命。有陽光的日子(縱使看起來只是微弱的光線)出門更特別需要經常抬頭,下雪的斯德哥爾摩可是說是危機四伏。說到「危機四伏」,忽然讓我想到瑞典電視台無時無刻都在播放犯罪相關的紀錄片,往往在平日深夜拿著遙控器轉了兩個圈、幾十個電視台好像都總是避不開播放兇案相關的紀錄片或是殺人的電影(這種駭人的氣氛可說是瑞典文學裡面一直積極示範的犯罪氛圍)。

冬季來臨以前特地鋪滿一地的防滑碎石在帶有厚度的積雪之下已經無法完全釋放應有的效果,雪已經累積得太多太厚,太陽出來的瞬間,表面的積雪會被熱度溶解,但斯德哥爾摩冬天的陽光持續性有限，溶掉的雪水很快又會重新結為冰塊，此時路面更是險象橫生，很容易可以看到途人一個又一個相繼跌低滑倒的畫面。這種天氣，經驗豐富的斯德哥爾摩人就會穿上冰爪鞋套或是帶上兩支雪地用的拐杖，盡量在雪地中保持優雅。要是受傷了被困在家，只能在寬大的床上睡覺，就真是太寂寞了。

兩個月之後，來到整個冬季最醜的日子，地面的積雪開始慢慢跑掉，又黑又髒（還好沒有味道）的雪水開始流淌。這個時候的日照時間仍然很短，晦暗的日子已經持續了一段時間，憂鬱的心情開始累積，而且變得更壞。這讓我想起了在漢堡每天靠吃維他命D過度冬天的哥倫比亞女孩，當年她只要一想到天黑得這麼快，就惱火到不行；要是日照時段下起雨來，彷彿將她送上斷頭台；要是下雨連綿不斷，還等於加送一個世界末日。最後她還得在維他命D之外添置一盞太陽燈來維持自己的生命值，才不至煩躁得覺得「冬天的長黑夜一直在浪費她的生命」。她看起來真是一副希望冬天直接消失的樣子。

以前在漢堡，這個日子的天氣雖然仍然寒冷，但人們還是趁有日光的日子選擇留在戶外，例如在農夫市集躲在擋風的厚帆布後面喝熱咖啡，消磨一個早上的無聊時光。要是陽光正好，漢堡人更會抓住可以待在太陽下的時機，把餐廳門外露天位置全部塞滿，人聲沸騰得誇張，好像沒有太陽無法生存的樣子。起初搬到漢堡沒多久的我，在冬天率先投奔室內。坐下來才發覺，大家都坐在外邊，除了我以外根本沒有人會留在室內用餐（當然不是說冰極寒天大雪紛飛的那種日子）。最後我學著漢堡人的作風，預先找一個沒那麼冷的日子，試著在戶外吃飯。結果，只消一個回合，我就很自然地成為他們的其中一員。往後，能夠待在戶外的時間，都盡量留在戶外。店家早就體貼地在戶外的椅子上擺放好大毛毯，大家包著腿就熱鬧的坐起來，一副無所畏懼的樣子。

漢堡用幾個寒冬把我訓練有素，結果我在斯德哥爾摩度過首個冬天的時候就勇氣滿滿的留在戶外。喔？可是斯德哥爾摩人倒是習慣待在室內，脫下厚外套窩在暖爐旁邊享受暖氣。U解釋說，瑞典刮的風特別乾燥，就算是太陽滿地的溫暖日子，只要被風刮到，雙手關節就會輕易破損，手掌手背頓時變成特厚砂紙。我用了一個冬天就領悟到事實真相——斯德哥爾摩的風乾燥得像刀鋒。我沉默地盯著自己的手，因為只要沒有把手放到衣袋裡面，或是沒有戴上手套，雙手手指關節全部都會變得傷痕累累，每一節都被風吹得擦傷破皮，差點就要血流成河，十隻手指頭傷亡慘重。所以我們還是談談別的吧。

經過了漫長的抗冬戰爭，夏天積下的正能量消耗得七七八八。大家在冬日的尾聲花盡力

Take a long walk

氣捱過去，在幽暗的日子拼命找喜歡的事情來撐住心情，不被溫度和天色搞砸、不被沒有陽光的日子搞得心力交瘁。還差一丁點，真是一丁點就覺得會陷進漆黑的抑鬱裡面。一整年裡面日照最短的日子，往往就是期待太陽期待到險些要發病的日子。當你以為快要撐不下去的時候，日照線就會從那天起開始拉長；生活就是這麼奇妙的事情，好像知道你快要崩潰了，就來扶你一把。斯德哥爾摩政府會在冬天過後派出專用車輛負責回收砂石、清洗地面；只要聽到吸收砂石的氣流聲、旋轉掃把的刮地聲、高壓洗地的水流聲，就得以證明乾淨又舒適的街道要回來了，痛苦的冬季也正式遠去。

三個月之後，我住的房子開始進行一連兩個月的外牆維修。本來預計在一個月內完成，不過瑞典式慢進度並不是浪得虛名，那慣性的大意作風、不留心小細節、只顧表面功夫的缺點一併洶湧而出，跟德國做事不理好醜（雖然有時真的很醜）只顧堅固穩當的風格形成極大對比。這些種種帶來的錯漏讓工程必須重做，結果一修又再修了四個星期，從春天修到夏天，整個窗戶都被維修的膠布擋住，只剩兩成日光。面對這延長一倍的工程，住戶們無計可施，只能靜心等候。這時候U跟我吐苦水，說他家裡的大玻璃窗破了，修理的人把窗戶拆走，新窗戶卻遲遲沒有送來。他們以「你要的玻璃還沒供貨」為由一拖再拖，讓他一直等一直等，等上了三個星期。還好天氣開始變暖，否則實在無法抵住家裡沒了一扇窗。相比之下我那圍封不見天日的外牆，似乎又沒有什麼大不了。

圍封後要進行的翻新其實不過是把變灰變舊的外牆重新髹回原本的顏色。我留意到瑞典大部分樓宇都會進行定期維護，這場重新翻新當然會直接影響整棟樓宇的單位賣價。U向我提過大廈維修的支出可以達到減稅之類的功能，但我當時沒記住，不過他大概就是說這是一石二鳥的作法，而且瑞典政府也想要每棟大廈保持良好的外觀。身為「外貌協會會長」的瑞典人對牆身顏色的翻新要求也很高，我在冬末的斯德哥爾摩看到大部分的樓宇都架起圍欄，看來都只是為了在夏天來到之前完成維修工程，趕得及在日光最長的日子來到以前拆掉外牆的圍欄。而在這節骨眼上跟漢堡冬天一整地路面修築工程非常接近，只是德國人把外牆重新刷油以後，又會被人畫上新的塗鴉，沒完沒了，又刷又塗再刷再塗。我甚至親眼見過酒店停車場大門外前一天才刷油完工，隔天就已經成為別人的畫布。

之後大廈的外牆終於解封，我的陽光癡迷症終於得到緩解。

***

漢堡人對太陽的鍾情戀在溫度之上，盛夏熱得轟轟烈烈之際，總會有人在街上光著腳走路。偶爾可以看到路人忽然在路中間停下來，脫掉鞋子赤腳散步；彷彿被紫外光強烈照射還不滿足，非要把襪子脫掉從腳底開始感受太陽的溫度。太陽的重點是暖意，是暖和又舒適的溫度，從腳底直接注入太陽暖流，湧出一身神秘的精神力量。我被維也納男孩慫恿「照辦煮碗」。與其說是慫恿，不如說我老早就想學著他們大剌剌的在路上脫鞋赤腳走路；現在他來推我一把，動機成立，也有了信心。我第一次脫去鞋襪走路是在大學範圍外面不遠處。似乎在大學附近，幹什麼奇怪的事情都可以滿有信心地幹。「大學」這兩個字好像年少輕狂的護身符，自行拒絕被世俗直接審視。或者，根本沒有誰會理會和計較誰的畫面看起來比較荒誕或是誰比較傻氣，你路過，就只是路過；你赤腳路過，也只不過是路過。有時是自己把自己看得太重了，事實根本沒有人在看你。

脫去鞋子赤腳走路也沒有很不正常，稍為試過一兩次之後，心理壓力就隨即消失。雙腳皮膚碰到石屎的剎那熱力從地上泉湧而來，我以為那是要縮起雙腳的熱度，結果只不過是普通的暖意。維也納男孩告訴我漢堡哪幾個地方比較適合赤腳走路，沒想到赤腳徒步的人似乎在心裡都有張秘密地圖。我心裡好奇在漢堡赤腳徒步的愛好者會不會老早設有群組，互相交流各個適合赤腳的地點？況且赤腳也不是一時三刻興起的潮流活動，有關注組也不足為奇。

往後的日子，我們偶爾在夏天最熱的日子（都不過是某幾天而已）赤腳走路吃雪糕喝啤酒。起初認為誇張怪異的作風，只要自己也置身當中，就一點都不覺得誇張了。雖然未至於踏出第一步就回不去，但至少在跨出去之後，這件事在心目中就完完全全換了一個模樣。

斯德哥爾摩的陽光癡迷症重點放在另一邊。偶爾在太陽跑出來放大招的冬日尾聲，斯德哥爾摩人就直接停在行人路中間閉眼享受陽光灑在身上的感覺。找個公園穿或不穿著泳衣曬太陽實在很平常，但二話不說直接就停在行人路中心閉起眼睛動也不動，我在開初就覺得無論怎樣看都很奇怪。真的從頭到腳一整個動也不動，只顧自己閉眼靜心享受陽光的溫暖，然後慢慢伸個懶腰——沉浸在陽光之中的自己彷彿一瞬間抽離整個世界，忘記身外所有事物，把思緒投入一片虛空之中。

U鼓吹我跟著他站在大街中央吸收大地精華。我們便隨意的在馬路旁邊太陽最滿最熱的地方停下來，閉上眼睛靜靜地享受暖和的新鮮（熱）空氣，做出我原本覺得「怎樣看都很奇怪」的行為。張開眼睛之後，我以為會有誰覺得我們又阻路又古怪，結果呢？根本沒有誰在意有兩個人站在路中心，更不覺得有誰會理會你是不是閉著眼，是不是一動都不動。那個第一次在漢堡脫鞋的尷尬感覺又回來了，我尷尬在我真的以為旁邊有哪個不認識我的陌生人會對我的行為作出批判感到在意。

結果在第二個冬末某個陽光燦爛的日子，我拉著U說不如停下來曬太陽。U用手把墨鏡往上托好，興高采烈的說：「不就是第二個冬天，你就磨合到了。你真的非常適合住在北歐，一起曬太陽曬到天荒地老。」

如今我想起《追憶似水年華》中普魯斯特的那句話似乎帶給現在的我另外的體會。赤腳走了幾個路口、停在大街曬太陽過後，屬於我的新的眼睛就會出現；要獲得新的眼睛並不止於尋找新的地方，也是只有從新的風景刷新我的三觀五感以後才能獲得新的眼睛。我現在似乎噗通一聲的想通了，我得要把「尋找新的風景」變成過程而非目的。我要重新鍛鍊自己的眼睛，為著——對自己的重新發現。普魯斯特說得真好，每一次轉換地圖、轉一個畫面，都刷新我對世界的認知，我彷彿一步一步拆開自己的軀體看到裡面血肉相連的部分，了解內裡的精密運作。一點一點的褪去在意別人目光的部分，把注意力集中在怎樣過度好生活裡面。先是得接受一個新的文化，然後消化一個新的文化。當中所有帶來衝擊的地方都讓我對世界心存感激。每一道新的難題，都讓我想要挑戰下一道新難題。我發現「換一個地方住」對我的真正意義——或者其中一個真正意義——正正就是這樣。攤開雙手，抱擁世界。這樣，我從一個地方轉到另一個地方，或者在一個地方回到另一個地方，憑藉我的雙眼可以感受當中所有萬變的可能——無論是出去抑或是回來。就像川端康成在《古都》裡面寫過：「任何一種花，每每由於賞花的時間和地點各異，而使人的感觸也各有不同。」我想啊，生而為人，不停移動，想要的無非就是這樣。

Take a long walk

011 八十分美學

我本來以為最美妙的100%城市，只會存在大腦裡面。

第一次站在斯德哥爾摩的市中心，被大量交錯縱橫帶斜坡的街道包圍。斯德哥爾摩的中心地帶大概分為兩種高度，在上層地面和下層地面交錯組織出翻倍（是我說得誇張）的路面，剛來到這個地方的新手很容易誤信Google地圖，在錯的層面找不到想要到的地方。我嘆一口氣，心裡出現嘮嘮叨叨的對白，害得我瞬間好像活在伍迪・艾倫的電影裡面。我嘗試用力理解街道上下兩層的交匯點，把目光拉遠，尋找上落兩層的交接梯階，可是眼裡都沒有類似這樣的設施。星期天的早上有一組清理街道的工作人員，各自拿著不同的工具挖採散落地上的樹葉和垃圾，把街道整理得非常乾淨。我順著直覺走，終於找到一座像橋的物體，這似乎存在走落下層的辦法（現在我當然清楚知道上下接通的這個秘密地點）；我在上面俯視下層街道，看到坡道上上下下。眼前劃過的巴士在車頭左右兩側都整齊劃一的豎著瑞典國旗，四處張揚的瑞典國旗在每一輛巴士車頂出現，好像在譏笑我又在一個完全陌生的城市迷路。

我把這裡稱為「最愛豎國旗的地方」，無非因為我實在沒有在漢堡看過這麼多的德國國旗，我一下子就被眼前的斯德哥爾摩巴士旗震懾到。那是我剛住下來的頭三個月，那是二零二零年的聖誕節之後。

讓我第二次感到瑞典國旗洶湧澎湃的場景是我在斯德哥爾摩超級市場的時候。芝士櫃裡面、火腿貨架上面，在各種各樣食材的價錢牌旁邊，都會有瑞典國旗的出現。我早就知道瑞典人對自己國內製作的產品支持力度極大，再仔細一點說明的話，我可以說這是從街上行人的著裝上面目測得到的資訊。當時是寒冷的冬天，各人身上所穿的大衣、戴的帽子或是搭上的圍巾不外乎就是來自瑞典本地的設計，是Acne Studios或是Totême的當季款式或是品牌的經典款式。我被瑞典的朋友強烈推薦買來一雙瑞典家傳三代的Hestra手套過冬；市面上看到每個人(包括我)穿一件全民都喜愛的Arket夾棉長外套，穿得像是斯德哥爾摩大都會會員制服。無論是設計師品牌或是速食時裝品牌，甚或是以會員制揚名的Singular Society都門庭若市。瑞典人總是優先支持本地商家，這是我收穫得到的信息。曾經有人說這是因為稅金打得很重，例如要是在網上從美國買來一雙鞋子，稅金和手續費就足夠在餐廳好好吃一頓晚飯了。一般外國人都這麼想，覺得一定是稅金的問題，連我沒有長久住下來以前也是這麼想的，可是通過實際了解之後，發現他們真的只是純粹特別喜歡支持本土品牌。

這一點，其實可以直接從超級市場的貨架完美反映。我發現只要是源自瑞典本土的產品，價錢牌旁邊的位置便會額外多加一支醒目的瑞典國旗以茲識別。基本上眼前的各種貨品，有一半或以上都是來自瑞典本土，只有極少量來自美國或是北歐以外的歐洲地區。舶來品的存在感很低，我總是看到外國品牌孤伶伶排在國內品牌的下面；大概是因為它們的曝光率不高、銷售率不高、定價卻又太高；種種能夠想像或不能夠想像的原因導致產品滯銷。大部分我能夠見到的外國貨，使用期限約莫只餘下短短的數個月。結果又因為使用期限太短而滯銷，囤貨太多又會延緩新貨進口，周而復始，沒完沒了；結果外國貨的任務只在於囤積，面對封塵不動的產品，顧客很難不被打消購買的念頭。那堆外來貨從包裝到佇立的位置和展示的方式都好像格格不入，我能夠感受到它們對於在生活的關口上大部分都自給自足的瑞典人來說，是種可有可無的存在；它們擺在這裡的具體目的好像只不過為了證明這裡擁有本土以外的選擇，可惜的是它們都不過成為和背景混成一體無法輕易被看見的普通裝飾。我覺得不如就乾脆不要賣舶來品好了，不過那是別人的問題。

瑞典斯德哥爾摩的百貨公司廚具部上面全部是讓我感到陌生的名字，貨架上的款式很多，但品牌的選擇卻少得可憐。我當下才發覺那個在香港、英國、荷蘭都能隨便買到、逾個半世紀的德國老牌廚具品牌竟然沒有入駐瑞典最大型的百貨公司。後來我死心不息把整個斯德哥爾摩走遍，嘗試在每個地方翻箱倒櫃進行地氈式搜尋，卻都無法找到它的蹤影。瑞典極大部分商家只賣本地或是北歐邊鄰幾國的品牌，跟以往那種選擇之多只差誘發選擇恐懼症的大場面相比，這裡可以說是極度簡約的清泉；不禁讓人在心裡默默對瑞典的貨架說句：「真的就這樣？」

「要不要試一下Amazon？」比我些微早一點來到瑞典的倫敦男孩提議我轉向網購。「由於這裡什麼都買不到，我來了沒多久就當上了Amazon Prime的會員。當上會員後送貨免費，結果我買到停不下來，好像挖到金子一樣驚奇。在英國活了這麼久，我可是從來都沒有想過自己要在Amazon買東西。」

法國男孩瞄了一眼，不情不願地附和：「以前瑞典沒有Amazon，那個時候真是生不如死，或者說我真的差點要死掉了。他們有一個類似Amazon的平台，C-D-O-N。瑞典人覺得那個網站非常威武，可是從我的角度看起來，那個網頁的結構好像屬於遠古史前生物一樣——

我完全分不清眼耳口鼻放在哪裡，整個格局難看得叫人無法形容，醜陋得我以為是用三百年前的程式寫出來的試用網站，像是完全沒有經過修飾就拿出來給人用的那一種。」他說得好像怕外邊有人聽到他的說話內容一樣，帶點偷偷摸摸。「但我竟然都從上面買過幾款健身啞鈴和肌肉按摩槍。我覺得喉嚨發出了乾裂的聲音，也覺得自己像在說笑話。」他笑得有點尷尬，還用手勢比畫出那個被喻為「史前網店總匯」的版頁模樣。「Amazon剛來瑞典的時候也像一池死水，就像衣服晾到陽台犯不著用夾子夾住的那種，因為根本沒有風。簡單來說，就是我家裡的東西加起來好像還要比他賣的要多很多。而且這邊的汽泡水，汽泡不多不少，有種介乎在汽泡水和非汽泡水之間的尷尬。難喝得不得了。」

「嗯，關於汽泡水，倒是真的。」我表示我不能同意更多。

「根本就徘徊在『做了』但又『做得不夠好』之間，叫人尷尬。」他繼續抗議。「你上次跟我說那個『只要你不尷尬，尷尬的就是別人』，應該就是指這個意思。」

我心裡想：如果有一天我要走，一定是因為汽泡水而決定要走的。

在德國最難喝、最便宜、最無人問津的汽泡水都比瑞典的汽泡水好喝得多。我在瑞典找了好久都找不到好喝的汽泡水。我應答著說：「不過他們的汽泡水機品牌好像名氣很大，而且機身賣相還很不錯，所以可能大家都特別喜歡在在家裡弄汽泡水？」

真的因為這樣就沒有好喝的汽泡水品牌在市面上販賣嗎？我覺得說不通，但我沒有其他多餘的想法。反正，每個地方都有自己獨有的文化。在瑞典，讓人覺得奇怪的事情還有很多。例如，小孩的朋友來自己家玩耍，到了用餐時間會請對方在房間裡面等候，直到一家用餐完畢。我還有聽說有外國人小時候遭遇到沒有被請吃飯的狀況，在房間裡面嗅到飯香四溢，結果陰影久久的留在心底二十年揮之不去。又例如，有些瑞典父母會請到訪的孩子吃飯，然後事後給對方家長寄帳單。不過退後一步，其實一切都沒相干；反正大家都是人類，總是有自己特殊又不一樣的處事方式（就算親如兄弟妹妹，面對同樣的事情都總會有屬於自己的不同作風吧）。瑞典人真的把這些視作等閒平常，縱使這些事情由外人看來真的怪異不堪；然後人家一樣覺得你的文化裡面有很怪誕的地方一樣。一切在於怎樣去把這些東西消化到肚子去。另外，由於這個話題最近成為了報紙熱話，所以我親自去問了幾個在瑞典土生土長的朋友，結果發現並不是每個瑞典家庭都是這樣——當然實實際際上也有長這樣的家庭——而且大部分都是發生在跟我同齡的朋友身上的童年往事（但他們覺得沒什麼大不了，甚至是非常平常），現在說起來怎樣都對瑞典人不怎麼公平。

好像說得有點太遠。討論完汽泡水，他們著我打開「史前網店總匯」的網頁。那個版面真的有點醜，裡面好像一次過擠上比實際可以負荷要多很多的東西，但由於擺放的方式強差人意，看起來好像什麼都看不見似的。那種醜，醜得像個低級的釣魚網站——專門騙取信用卡資料那種。除此以外，我沒有其他恰當的形容方式。

雖然大部分瑞典購物網站都長得並不好看，但在住下來之後，我相當清楚，在瑞典買東西，尤其是藥妝之類的物品，最好還是在網店上購買。縱然到處都有實體店，但網店的貨品種類比較齊全（至少多出三分二的選擇）；而且瑞典實體店的價格約定俗成地比網店要高約三分之一（或是更多）。比方說店內定價一百五十瑞典法朗的東西，在同一商家的網店上可以用不到一百瑞典法朗的價錢就可以買到。我猜測，多出來的這一份，就是用來支付實體店的服務費和店員的薪水和租金；不知道是不是這個原因，所以斯德哥爾摩的店員全部笑容滿臉親切非常。

斯德哥爾摩是個非常發達的網購之都，大部分速遞公司送件速度驚人（現在更特別流行十分鐘送貨的手機超級市場）；商家出貨極快，全部直接免運費直送到家門前。以一個我經常光顧購買日用品和藥品的藥妝品牌網店為例，若果在傍晚七時前下單成功，便可以選擇明早七時前送抵門前的「早鳥」服務。我早上起床後查看手機就看到貨品送抵的確認電郵，電郵寄出時間落在半夜四點。天啊，對於在散漫的歐洲生活了一段時間的我來說確是大開眼界；對此我想給它連續打上一百次一百分。

這個奇怪的深宵送貨時間勾起了我旺盛的求知欲，畢竟這麼多個夜晚我都沒有聽到外邊有任何噪音。這讓我特意去查看這個半夜送貨的服務到底是怎樣運作。這項服務引起我興趣的原因是，我所住的地方在晚上十時後就會廢掉了大樓正門的密碼鎖，必須要用實體鎖匙進出，這是為了確保大樓不會輕鬆被闖入。所以這樣更是讓我好奇，到底為什麼速遞員能夠在半夜進入大樓。後來我發現這個夜半送件的服務是由派送報紙的公司接運，這個斯德哥爾摩的派送報紙始祖老早就擁有進出各個大樓的方法。

不過速遞發達的斯德哥爾摩還是有它自己的瑕疵和毛病。要是碰巧訂購的貨品沒存貨，網店慣性隨便在箱子裡塞進價格差不多的貨品取代；不會退錢、不會有缺貨通知、不會寫電郵知會你貨品暫時缺貨；就只是單純的給你另一件東西取而代之。這樣對我來說實在是離奇古怪的頭腦。我缺少的是膠布，它們卻多給我一盒喉糖。但是除了這件事情之外，其他都沒問題，不過要是你問我，我只能在心底的分數上打上一個八折，以示不滿。

「我不知道是大公司請上廉價勞工所以沒要求，讓他們隨心所欲；還是公司給出『可以隨便取代』的指引。不過最大可能就是他們知道普遍瑞典人面對這種情況會默默接受而不作聲、不對抗、不執著，而且反應非常淡薄。所以與其多做繁瑣步驟退款和解釋，不如給出一個『差不多』的東西取代就好了。」瑞典男孩在聊到這個話題上扯到了瑞典人骨子裡的性格特質。

說到批評，為免周邊的空氣變得冷冷冰冰的，我們在旁邊笑著說：「瑞典人由你們瑞典人來批評好了，我們倒是沒有意見。」

他若無其事的繼續說，外邊的人很喜歡拿「Lagom」這個字來說瑞典文化，讚美聲音絡繹不絕，「總是說什麼恰如其分的美好之類的廢話。我覺得很好笑，好像只不過隨便拿一點好事去堵住誰的嘴一樣。我們的文化裡面確實有『足夠就好了』的最大意向，就像帶孩子，你的孩子不用比別人優秀，不要比較誰突出，只需要跟其他人一樣好就可以。就是你剛才說汽泡水裡面的汽泡不夠多但又不是沒有的那個意思——不過，我倒是覺得汽泡量還不錯——可是這個『Lagom』銅幣都會有不好看的另一面。說到好不好看，我倒是認為我們的犯罪文學更是勝人一籌，所以我更希望我們的文學可以流到世界各地，你看我們的『呼呼呼區』也不是小兒科，倒是惡名昭彰，就連本地人都不會去，所以任誰來寫犯罪文學都很有說服力喔。」

我覺得這種所謂不多不少剛剛好的Lagom其實有點像我們文化裡面的中庸之道，他卻帶點抱怨的說這就是他們文化裡面默默威脅他們只能做不太多不太少的雞肋。他繼續把細節描述得栩栩如生：能夠躲在團體裡面平凡而不誇張的確是最好的位置，但這也是讓他們做得隨意、不追求優秀、不改掉陋習的絆腳石。「穿說了就是過得隨便，就是對自己沒要求。這是人性的陷阱啊，是粗製濫造啊！你知道嗎？我們大部分人在超市買到過期到壞掉的東西不會投訴，甚至都不會說出來，默默丟了當作沒事發生，結果？超市不會變好，貨品質量不會變好，誰都沒有變好。」他一臉特別認真的表情，好像在天雨路滑的公路上駕駛一樣慎重。「但Lagom本來就是源自我們怕麻煩的懶惰特質，比Lagom做得更差就是低於水平，比Lagom做得更好卻要花費太大代價，所以要背離Lagom本身就是一件很麻煩的事情，結果？我們還是懶惰地把Lagom保留。好的壞的都繼續Lagom。」他如是說。

面對瑞典百貨公司的貨架，我的絕望倒是很明顯的貼在額頭上面。但我知道，這種心理狀況對他們來說既誇張又無謂。畢竟他們從小到大都在這片選擇中自給自足，也沒試過像異鄉人獨有那種「我在這裡找不到一直習慣使用的某樣東西」的痛苦。瑞典人對此不以為然，其實很平常。這一點我都理解。他們一直都對這種狀態感到非常心滿意足。

Take a long walk

相比起來，我發現自己覺得「這裡缺乏某些品牌實在是天大缺陷」的想法是如此笨拙愚昧；這裡根本沒有人需要那些特定的品牌，或者我應該學習好處那邊的Lagom，接受八十分的滿意程度。他們那不往外求、安於現狀的心態事實上實在有打動了我某條神經，讓我相信能夠安於周遭之美也是一種處世之道。

雖然這像是在黑夜打開床頭燈一樣，需要一些時間才能讓眼睛習慣下來。

沒想到瑞典人在我面前批評Lagom、道盡Lagom的壞處，反倒讓我看到了Lagom的好；這個說法有些奇怪，但他真是給我在Lagom的壞裡面看到了Lagom的好。況且他對Lagom的批評都由他骨子裡的Lagom特質蒸發掉，像四月早晨的露水，轉眼就消失得無影無蹤。我忽然覺得出門真是太好，出門的意義在於睜開眼睛看世界。我再次肯定的給自己確立對出門的定義——並不是需要前往最多的地方、聽最多的故事，而是學會對別人的文化心存敬意，無需要被無謂的規條束縛自己。學著接受現實，在自己兩手觸及的地方找到讓自己滿意的方式，也就等於找到了飛越自己心裡的瘋人院的辦法，而不是流連在彎彎曲曲狹窄細小的走廊裡面，抬頭仰望遙不可及的天空。

世界就是不管你願意不願意，還是繼續一樣；所以只好找到自己適應的方案。

最後，我在開場所說的國旗巴士並不是每天都會出現。瑞典男孩向我解釋那只有在法定升旗日Flaggdagar才會在巴士插上國旗。瑞典政府鼓勵人民在法定升旗日於私人旗桿上懸掛國旗。我問他：「很多私人地方都會升旗嗎？」「會啊。」他回答，「很多人都很喜歡掛國旗，因為這樣會有一種全部人一起慶祝的感覺。」

我一直凝視著一面又一面國旗，覺得瑞典真的在向我擺出一個迷魂陣。所謂最美妙的100%城市，大概就是管它八十分抑或一百分，都打從心底喜歡自己國度所有的這種。

012 逆向操作

不知道是不是就快到春天的關係，最近我總是覺得怎樣也睡不夠；時間的流動好像被誰拖慢了似的，冬末似乎變得特別漫長，就算有在刻意過著有規律的生活，感覺仍然非常倦怠。在等待四月最後一天的春夕派對來臨之前，我跟大家一樣，都有比較多的時間窩在房子裡面過日子（因為苦悶雨天的緣故）。這個時候為了變得精神充沛，我總會嘗試偷出一點時間打開電視機，讓電視發出喜慶歡騰的聲音刺激本身好像已經進水了一樣的腦袋。縱使未必經常會有坐下來看電視的空檔，但電視節目的畫面和音調可以當成生活裡面新的背景音樂和燈光。我認為自己就是帶著這種冬天積存的渾沌走進春天的斯德哥爾摩，充斥著實實在在的哀傷。

漫長的旅居過程，因為文化衝突，思考人生變成了日常職責，最理想的是用瑞典人的方式在斯德哥爾摩生活。在日曆以外，我學著瑞典人證實春天到來的方式，就是觀看一連幾晚進行得如火如荼的《歐洲歌唱大賽》，比賽的結果塵埃落定之時，春天就會出現在跟前。待在斯德哥爾摩的第二年，我決定把這個歌唱比賽非常認真地由頭看到尾。歌唱比賽的過程是這樣的，先是在瑞典進行一次比分賽，由觀眾和嘉賓評分選出代表瑞典出賽的單位，再讓那個選手代表國家參與《歐洲歌唱大賽》。

單單是國內的預備賽已經很有氣氛，各人的參賽歌曲在電視上日夜不停播放，參賽者的人氣持續高企。如果在本土賽告一段落後，你仍然不知道瑞典的代表選手是誰，也不知道對方會唱什麼歌，說不定會被瑞典人在心裡嘲笑。

正式比賽分幾個日子進行，準決賽分成兩半用兩晚連續播放，然後在周末進行最高收視的總決賽。我徹頭徹尾不想瑞典贏得冠軍，事關其他國家的參賽者演繹出色太多（或是更有魅力）。去年贏得冠軍的意大利派出黑白配組合唱出了一人兩面的神秘感，西班牙歌女的跳唱無論表演幾多次也像複製貼上似的完美無瑕熱情澎湃，有些年紀的大叔組合大賣生活的熱情更是熱血得隔住屏幕都無法抵擋（所以這就是他們贏得觀眾高評分的最大原因）；別的國家也做得太好了，徹徹底底的太好。

節目過了一半，我稍微活得像個喜歡看電視的大人，留待廣告時段才急著跑去洗澡。回來的時候當然錯過了部分演出。我坐在電視前面一邊把頭髮抹乾，一邊吃下半盤意大利麵，一邊繼續欣賞這個品味古怪的音樂比賽節目。表演本身並不奇異，只是大家風格迂迴得讓人對評審的眼光摸不著頭緒。到底是要樂曲夠流行易上口？要夠破格打動人心？要怪誕好笑，還是純粹鬥歌藝看誰能夠飆高音？各國的選曲和表演走向各有不同，我甚至因為參賽者過分迥異的表演而無法猜測到比賽想要大家達到的目標。

最怪誕的莫過於是國家評分的環節，超過三分二的選擇完全不能理解（還是互相對精彩的定義和看法相差太遠？），我甚至乎覺得就只有超凡的特殊能力才能明白某些表演獲得高分數的原因。四十個國家的品味和評審標準讓我嘖嘖稱奇。我對著電視伸了一個懶腰，簡直覺得他們互相投下出其不意、口是心非的選擇，目的可能就是為了讓某些表現平平的演出佔些優勢，從而削弱優秀表演者的得分，好讓自己國家的分數可以推到最前的逆向操作（我確實是陰謀論）。例如某些完全沒有記憶點的抒情曲目，既沒有特別誇張得叫人難以忘懷的感情表達，也沒有實際上高人一等的歌唱技巧，配合可有可無的台風，竟然可以直接拿下某些國家給出的十二分最高分——我無論看幾多次也看不明白。

我無法搞得清楚。這也不出奇，我就連自己正在過怎樣的人生都摸不著頭腦，世界上與我毫不相關的比賽和評分標準無法搞得清楚也不是什麼奇怪事情吧。

正如前面所說的那樣，這是一個全部瑞典人都非常在意的節目。瑞典人還有相約一起看著冠軍誕生的特別派對，但我周遭的人又並未到達這樣誇張的程度，所以還是自顧自在家裡靜靜地看就好了。

不知道托誰的福，瑞典今年拿了第四名（冠軍是烏克蘭），單純憑著個人純歌唱的表演並以這種程度拿了第四，絕對是讓我相當意外的成績。往後頭腦稍微清醒過來，我仍然不能相信這種表演竟然拿到了好幾個國家打的十二分滿分，我甚至覺得某幾個國家對這個表演的稱讚只不過是憑空捏造某些未曾存在過的好的部分。

往後一天，在咖啡時段聊不出這個話題，就等於是你傲慢得沒有投入年度盛事。如果沒有觀看《歐洲歌唱大賽》，就好像等於「我們的談話到此結束」，戛然而止。但說到評分的標準，大家都一致認同的確有點「無厘頭」。當說到逆向操作的可能性，我們順勢聊到經常叫我不明所以的 Systembolaget 廣告。

***

《歐洲歌唱大賽》播放的廣告時段，充斥了不少Systembolaget廣告。Systembolaget是瑞典的連鎖式酒舖，分店多得像超級市場；我在裡面轉了一個圈，裡面除了各類型的酒精，還印刷很多不同的小冊子，非常仔細的列明哪款酒適合配哪種食物，寫得謹慎又詳細。腳踏實地的製作，每一本都讓我想要拿回去當成武林秘笈收藏。

斯德哥爾摩的超級市場跟我所住過的歐洲其他地方都不一樣，一年三百六十五日都亮著黃色的燈光，那種全年無休的營運方式好像讓我一下子回到亞洲。但單一只賣酒的Systembolaget則是以限定日子開放，周日和假日均關門不營業，平日關門也特別早。若然在瑞典的假期需要喝酒慶祝，都需要預先作好準備；所以在入黑後的安靜夜晚忽然想要買酒喝，必須尋找特別晚關門的酒吧，想要像香港那樣走進深夜沒關門的便利店買到酒精飲料？基本上完全不可能。

我剛來斯德哥爾摩的時候，瑞典在疫情下還是有嚴格限制進出商店的人數。好幾個周末來臨以前，買酒的人在Systembolaget門外築起長長的人龍，那可是我目前在斯德哥爾摩商店門外見過最長的人龍了，長得讓我差點陷入惶恐的狀態（事後知道他們對排隊充滿熱誠，非常重視排隊的先後次序）。我當時心裡想著：我被天氣冷得整副身體都碎得七零八落了，他們還能抵著冷等待；天氣愈冷的地方的人愈愛喝酒，果真沒錯。

***

瑞典抓到我注意的多半是奇怪的廣告，例如一個中年男性維修工人跪在木板上進行修理工程，褲頭後邊和汗衣中間露出股溝，賣的是連身工作服。又例如一個穿得像神奇女俠的女人跑來跑去到處唱歌，最後從胸前的奇怪標誌飛出一個又一個汽水鋁罐，推廣的是鋁罐回收。而我所見到的Systembolaget電視廣告裡面盡是吵吵鬧鬧的各種家庭爭執，我一個人佇立在電視機面前，感到非常困惑。例如兒子一臉生氣的把父親鎖在露台，狂舉中指發洩；又或是青少年把耳機戴上面向著被鎖上的酒櫃而生怒等等，單憑畫面猜不到劇情和意圖的片段。這到底是賣酒廣告，還是禁酒廣告？這就是一邊推廣一邊不推廣的正常操作方法嗎？到底是怎樣的一回事？

斯德哥爾摩出生的女孩F跟我說Systembolaget的作風就是愛拍抓人注目的奇怪廣告。說

Take a long walk

罷她聳聳肩。她說有些廣告就連她自己身為瑞典人都看不明白，所以不用耿耿於懷覺得是文化差異的問題，況且她一早就已經對此以及其他奇怪的廣告見怪不怪。F進一步解釋說，由於Systembolaget是國營酒舖，由國家負責營運，所以儘管它會賣廣告，但立場上它一直都在製作不鼓勵民眾喝酒的廣告。這跟用國家身份跟你說「最好不要喝酒喔」不一樣，它只是曲線告訴你喝酒可能會導致的家庭問題和爭執。而且瑞典對酒後駕駛的管制非常嚴格，犯法的門檻一不小心就很容易跨過而不自知；單是在醉駕方面，比荷蘭的法例規管就要謹慎一倍有多。F很清楚重複一個重點：「這跟德國的香煙廣告並不一樣（思考過後我發現世界上很多地方都再沒有香煙廣告），不是既販賣香煙的冷酷型格形象又要被迫清楚告知你吸煙危害健康，而是『喝酒會有紛爭，大家要小心喔』這一類善意勸導。」雖然這給我的感覺沒有差很多，但F似乎覺得兩者之間有很大的分別——畢竟我們都在兩個非常不同的地方下長大。

F告訴我，在瑞典超級市場裡面不會找到酒精含量超過3.5%的酒精飲料，所以只要是想買到真—正—的—酒—都必須稍移玉步前往Systembolaget。她繼續跟我說關於酒的二三事。例如，她說到在斯德哥爾摩有些地方可能會標明需要年滿二十五歲才可以點酒精飲品，原因是很多俱樂部和酒吧都自願把喝酒的年齡門檻提高，這都源於瑞典人習慣性減低二十五歲以下青少年接觸酒精的機會。

所以我問她，那麼事實上只要不到二十五歲，就真的很難接觸到酒精麼？她筆直地看著我，對此給我一個詭異的微笑，彷彿這些事情你我自己心裡有數。「買到買不到，就看你有多想要了。你說對不對？」然後她帶著平日安謐的笑容繼續說：「挪威人來我們瑞典買酒，我們就去丹麥買，丹麥人南下到德國。」我說我們的語言裡面有句話叫「隔籬飯香」，意思像英文的「The grass is greener on the other side」一樣。F好像沒有聽過人這樣說，一時三刻也沒能想到瑞典語裡面有沒有這樣意思的諺語，不過她從字面上當然都理解到我的意思：東西總是別人的比較好。他們可以覺得人們北下德國買酒又方便又容易，但德國人還得跑去荷蘭買；除了買醉還可以「上太空」，除了便宜，還一石二鳥。

F跟很多瑞典人一樣在大廳擺了一個酒架，裡面都是各式各樣不同情況下會喝的酒；她看了一眼自己的酒架，好像勾起了什麼煩惱回憶似的說：「老實說，我真是覺得德國的酒精選擇比我們多太多了，不是我隨便說太多的那種太多，是真的太多那種太多。」也可以這樣說，我在Systembolaget裡面，覺得整間酒舖擺貨的方式像個美術館，每款酒和其他酒之間都保留一些空間，看起來，貨架的設計令空間的使用率只得五成或低於五成，那真是它們賣的所有酒嗎？我曾經有過這樣的疑惑。但是在德國單單是本地精釀啤酒都已經擠滿了一整面牆壁，每星期嘗試一款精釀啤酒也可以喝到天荒地老都不用重複。我說：「酒類禮盒有各種包裝，買大瓶送小瓶，還會買酒送酒杯。」我有個隨酒贈送的威士忌杯子還蠻好看，常常拿來吃雪糕。我猶豫了相當久好不好說出來，但我不想讓人覺得我對杯子的使用太隨便，轉念間我又把話縮回去。「好羨慕喔。我們瑞典的Systembolaget還有一個特色，就是不會推銷。多賣多減價、多賣多送之類的折扣從來都不存在，超遜的。」

往後我有更認真留意Systembolaget的廣告，愈看愈是覺得奇怪，真的有人因為廣告裡面那喝醉後帶來的家庭糾紛而失去想要喝酒的慾望嗎？如果是喝醉引起的家庭問題真的會因為這麼一則詭異的廣告而消失嗎？算了吧，難道我真的非得對其他國家的文化瞭如指掌嗎？縱使我還是會因此感到疑惑，但我不是二十二歲，所以我把不適合我的問題和解決不了的困惑都丟到腦袋後面去。

013 震撼電視教育

像何志武一樣，我非常小心地等到五月一日——並不是要等著把三十罐即將過期的鳳梨罐頭一一啃掉。我滿心期待這個日子，希望用燒烤大會來代替傳統的篝火晚會確認春天到來的事實，興高采烈地告別冬天。

四月三十日的夜晚擁有可以把冬天完全啃掉的魔力，有一種接近勝利的感覺。讓人筋疲力竭的一個夜晚過去，我們每個人都睡了一覺正香，連夢都沒有。

踏入五月的斯德哥爾摩陽光極度普照，我的瑞典轉眼間就已經換成新的。天氣回暖，一切似乎隨同舒適的溫度和天空亮度的增加而變得非常順利。我看著不再泛灰的藍天空，在咖啡店喝下一杯特濃咖啡，用緬懷過去最青蔥歲月的美滿心情開展這一天。開始進入盛夏前的瑞典最不同的地方是，接連播放一個又一個露天音樂會的直播，歌唱節目中途會玩瑞典最熱門的Bingo遊戲。不要看輕Bingo遊戲在瑞典的影響力，在斯德哥爾摩市面上還會有專門玩Bingo的地方——面積非常大的地舖。感覺就是將早十年年輕人非常流行的網吧換成一個中老年版的遊戲場所。白色光管白色牆身，一整個明亮非常，比印象中舊式網吧燈火通明得多。Bingo場所看起來魔性很強，裡面聚滿等待玩遊戲的中年漢或是老人家，說成是長者版的冒險樂園這一點幾乎沒有懷疑的餘地。對頻繁進出的客人來說，可能不過就只是個帶有上癮性質的消磨時間容器而已。

回到電視上面，盛夏音樂會的主持是個上年紀的親切阿姨，音樂會場地多是遊樂場或極大的草地；演唱嘉賓包括老、中、青三代，每星期的嘉賓都讓人有意外驚喜。以我這個瑞典演藝圈門外漢來說，能夠看到年老的搖滾大叔、風格停留在廿年前的嫵媚阿姨，或是像碧咸大兒子一樣由童星起家（同樣喜歡烹飪）的新生代男歌手，都是賺到瑞典文化的小撇步。

櫻花只開一季，我似乎不能看輕瑞典人對這種盛夏音樂會的認真程度。現場觀眾拿著歌詞紙跟著台上的樂手大合唱，偶爾插播家庭觀眾透過手機應用程式邊看邊跳舞的自拍畫面。音樂會的手機應用程式讓人無論身處何地都可以與其他觀眾互動，只是我沒想到，從電視畫面看起來，觀看直播的人數真是出乎意料之多。從畫面可以看到，他們縱使不在現場還是一樣的各自在家裡聞歌起舞。這場盛宴針對的年齡層雖然不是我（但我都在看了），但無可否定的是這的確相當熱鬧。

瑞典的次熱門電視節目是籌款節目。為烏克蘭難民籌款、冬日過年籌款，總之大部分以演唱會或是連續通宵直播兼當籌款活動，偶爾加插瑞典人最愛的競投環節——他們就連樓宇買賣都熱衷出價競投，成功與否彷彿就取決於國民從小到大在各個場景練習和累積回來的個人技術——將慈善義賣以瑞典人最喜歡的拍賣方式進行。

我認為電視節目當中最令人意料之外的是真人騷的種類，除了看起來正常不過的異地戀人結婚騷和荒島求生活動之外，瑞典電視台還有幫參加者改善財富管理的節目（似乎不擅理財的人很多，參加者總是欠下各種債務）。讓人最意想不到的是他們還會跟拍貨車司機或是郵差，公開他們的公路日常和送貨行程；更有另一個節目長時間留在特賣場拍攝來購物的市民大眾，記錄他們來特賣場買什麼回家。兩者都是流水作業式的白開水生活，偶爾會有反常的奇怪事情發生，但大部分都是單純的普通畫面、普通情節和普通生活。這個感覺勾起了我非常久遠的記憶——像是好久以前金魚游在電視裡面的《魚樂無窮》，只是把主角換成真真實實的人。我會懷疑是不是有什麼秘密事件緊接發生，結果還是沒有。好看的地方在哪裡？我答不上來，可能是我離目標觀眾群還有很遠的距離。偶爾當我打開電視，瑞典的電視台就是播放這些生活流水帳，我一點兒也不感興趣，我情願重讀《二刻拍案驚奇》。

話說回來，我這個看電視的習慣是在德國培養出來的。我這個人，只要有新的目標，就滿有衝勁。那個時候為了應付苦悶寒冷的冬天，我落力尋找自己或者會喜歡看的電視節目，為的就是想要改善德語會話的流暢度，順道了解更多貼地的德國文化。而我給自己最差強人意的選擇是又老套又怪氣的電視節目。穿梭各個電視頻道，我看到的是德國人普遍的生活態度、民族性和價值觀；比較學校的一圈同溫層，每星期花一些時間去看電視可以說是越級增長和融合地方文化的法寶。我認定選擇電視節目本身其實就等於選擇自己的朋友，它們每個都有自己非同凡響的性格。我在異鄉人角度偶爾覺得德國電視都帶有一些（非負面的）怪異特色，選對了節目就如遇上對的人；我給大腦餵養什麼我便得出什麼，我便成為什麼。

我首先發現一個專門玩奇怪遊戲的節目，而所謂奇怪不過就是年紀不輕的成年人極度認真地玩平日只有小朋友會玩的遊戲。這是個一對一的計分賽，第一個回合一分，第二個回合兩分，如此類推，最多一共會玩二十五個遊戲。每個回合勝者得分，如果面對分數無法扳回的局面，就會提前終止比賽；如果雙方勢均力敵，玩到超過電視台預定的播放時間，電視台還會把後面原來的節目調播，撥出更多時間繼續直播直到完場。我好幾次就是為了看誰能夠贏到最後而看到半夜，非要知道哪個人獲勝才肯去睡覺。每次遊戲的勝出者可以獲得五萬歐羅，勝出者一星期後還會成為台主與下位挑戰者對決。台柱的獎金會從第一次的五萬歐羅，升到十萬歐羅；然後逐次遞增變成十五萬歐羅、二十萬歐羅、二十五萬歐羅，直到三十萬歐羅。三十萬歐羅——這是一名德國男生連贏五場後第五場可以獲得的獎金；我不知道如果再贏下去獎金會是多少，因為他沒有拿下第六場，目前為止也沒有人比他贏得更多場次。

連續五次不敗的他成為當時整個德國全民討論的焦點，短短幾個星期幾十個遊戲對決就從電視台手上賺了七十萬歐羅回家。每星期在電視上直播的比賽，玩的只不過是用筷子把顏色珠分類、疊高積木由左邊帶到右邊、考音樂記憶、常識問答遊戲，最後一關甚至只不過是抱著柱子鬥持久的體能類戰鬥。看著德國人極度認真地玩小孩子級數的遊戲，台前幕後小心翼翼地處理每個細節，在決勝的分秒關口還會為公平起見用慢鏡判決。德國人一絲不苟追求完美的嚴謹，我竟然在電視裡面老套又幼稚的遊戲中見證出來。德國人把無聊事認真做做到徹底到位，這種理性實在的作風跟瑞典人的漫不經心大相徑庭。

後來我發現另一個叫我眼界大開、誇張又噁心的鬥大膽電視節目。參加者在遊戲大廳透過屏幕上的挑戰項目，一步一步將自己逼向極限，拉低自己的底線以贏得現金的遊戲。遊戲是這樣玩的：現場有五十名參賽者、參賽者的親友和現場觀眾，主持人在屏幕上發出任務指令，認為自己願意完成任務的參賽者選擇亮燈繼續遊戲，認為任務不能接受的人關燈跳過。屏幕下達的指令每一道都比上一道誇張和過分，每一回合過去，選擇亮燈的參賽者人數愈來愈少。直到列滿五道指令後，如果亮燈的人數超過一位，主持人便會公開向參加者開價，價格由低至高開出，最高定價是三千歐羅。參加者將以「價低者得」的方式投得這次任務的「表演權」，贏得「表演權」的參加者需要當場完成任務。每一集以同樣的方式完成任務競投，一晚大概播出四到五個誇張到讓人想吐的驚人任務。

整個電視節目的主旨都不過在於一個人為了錢願意做什麼，任務題目極廣泛。在徹底公開的場合，一個人的底線可以拉到哪個位置？而底牌的價值銀碼又是多少？

「穿著Borat泳褲坐在冰造的廁板上一直唱著Backstreet Boys的*Everybody*過度一百二十秒，同時任由老鼠在他的廁板下面走來走去」——這場自我挑戰過後，參賽者換得二千八百元歐羅表演酬金。而我，卻為此感到非常難過。節目進度過了一半，我幾乎感到崩潰，我的大腦不斷發問：「那真的沒有問題嗎？為什麼這個節目沒有被下架？」雖然說是自我極限挑戰，但我倒是覺得是一種非常大的屈辱。縱使受罪的不是我，我卻為此感到非常抱歉。

這不是關上電視、熄掉床頭燈就能忘記的無聊畫面。這是我目前看過最恐怖、噁心、嚇人、核突的電視遊戲節目，沒有之一。節目利用人們對金錢的盲目渴望，在氣氛的誘導下一步一步放下人類自身的尊嚴。我發現這個節目的時候已經播放到第四集，我非常認真地看了半個小時，帶點不相信的懷疑態度看下去，我以為我會在哪個節骨眼上看穿節目或參賽者是造假的。帶著「可能有點難受但先忍耐一下」的心情看下去，可是一直看下去，我更是覺得——就算一切都不過是台上台下合謀並且設計好的情節，當中屈辱的成分也沒有減少。

直到我覺得這個遊戲衝破了我個人的極限，愈看愈不安。這種以「我敢做」為起標的打賭，把每個人都安上了一個價位。這價格標籤放在大家頭頂，在廿一世紀的電視裡面把羞辱人類的行為當成笑話、用金錢量化「膽量」的挑戰，愈看愈難受。節目下達的任務往往都由最簡單輕鬆的方式起跳，逐步往下拉，在無形的群眾壓力下讓參加者在被擠壓的情況下自願走入深淵。尺度愈變愈大，只花五道指令，便從一個玩笑為起點把參與者推到盡頭。雖然整個節目都在標榜是自願按燈的自我挑戰，但在電視節目平台以金錢為利誘、在競賽的環境下引導參賽者跨越底線的行為是否真的合理沒問題？縱然參加者臉上還是笑意盈盈，但面對醜惡

Take a long walk

的任務項目我只有極度不安，這裡包含的只是單純文化差異嗎？還是只有我一個人認為這個節目的製作近乎心理變態？我怎樣想也沒有想得出結論。

參加者挑戰的任務包括：

1、

「在眾人面前演講」

「演講兩分鐘」

「演講關於樹懶的性生活」

「一邊跳舞一邊脫衣服，直到全裸」

「跳繩一分鐘」

2、

「喝超過保質期一星期的牛奶」

「喝超過保質期兩星期的牛奶」

「喝超過保質期三星期的牛奶」

「喝超過保質期四星期的牛奶」

「喝超過保質期五星期的牛奶」

3、

「剪一撮頭髮」

「剪髮的過程中把舌頭伸出來」

「吃下放在舌頭上的頭髮」

「把後腦的頭髮剃掉」

「紋上陽具圖案」

我感到選擇赤裸跳繩的男子在表演的後段開始表現得非常不情願、一臉不舒服的樣子。鏡頭尖銳的視線掃到觀眾席上去，畫面拍到有現場觀眾不敢直視，座位上的人開始側著頭、舉起雙手擋著眼睛，不願意再看下去。主持人卻在一邊說：「脫衣服喔！」，好像早上看到鄰居打招呼一樣的自然。我大腦意識到奇怪，可是台上的主持人真的覺得一點都不奇怪嗎？我往後看下去的時候，腦海盡是疑問。來到在上面提到的第三道題，主持人在過程中用手將頭髮往參賽者的嘴巴裡擠，如果我沒有聽錯，似乎還聽到他說：「這是二千七百歐羅喔。」這種難聽得腐爛的對白和表演，果真有趣得可以用來當成電視節目在大氣電波播放？還有一個前面未有提及的任務是要求參加者閉眼猜測盒子裡面的是什麼生物，並在猜對或猜錯以後跟這個生物進行法式濕吻。盒子裡面放了一條大蛇，參加者競猜完畢之後，主持人打開盒子下面的大盒，大盒跳出一位中年阿姨。這個設定不就是非常低級地強化社會上的偏見嗎？這真是二零二幾年的德國嗎？

結果我帶著非常低級的心態把非常低級的節目看完。完場後我把節目的名字放在Google搜尋，發現原來幾年前就有一個同類型節目在同一個電視台出現過，當時以最高五千歐羅的賞金誘導參加者做出極度痛苦的挑戰。我好像不信任眼前一切一樣努力去尋找它的來源和其他資料。結果我只找到這個是徹頭徹尾的真人騷，全部都是真—實—的—參賽者。至於這意味什麼，我怎樣想也沒有想得明白。

寫到這裡，我有點好奇這個電視節目的下場，例如有沒有被投訴或是被腰斬之類，或者有沒有在播出後引發大型討論，被大眾聲討；報紙的社論有沒有說起，雜誌的編輯怎樣看待等等等等。沒想到最醜陋的是這隨著疫情過去，節目再次捲土重來。事隔兩年，人們還是在做同樣的事情，縱使當年就有報道評論批評節目噁心又難看，可是兩年過去，已經二零二二年了，我們還是沒有進步（果然毛病出在這裡），電視台還是沒讓步；電視台一樣照樣製作、人們照樣參與、節目主持照樣嘲弄參賽者，一切還是無遮無掩地播出。縱使兩年前我就已經看過了、縱使不是第一次看到，我還是覺得醜陋得無法認同，甚至感到節目內容讓我皮膚發冷毛管豎起，額頭裡面某個地方有發脹的腫痛，也有種像是肚子餓得難以忍受的感覺。可是無論任我怎樣思考和看待這件事情，這件事情是永遠不會改變，我的看法也只能是我對此的一種想法而已。

直到最後的最後，我都沒有把這個節目看完，我往往在播放時段立即把畫面轉到另一個電視台。

德國其他大大小小的電視節目我還是有看進去，我跟朋友還會在閒暇聊到電視節目，例如有一天，奧地利男孩就在Signal裡對群眾發訊息：「你們有沒有看這個？」隨同發出的是一段十五分鐘的短片。當晚這段短片在不同社交媒體火熱瘋傳，連帶#Männwelten這個標籤一起佔據整個Twitter的主頁，直登熱門搜尋的頂部位置。很難有誰沒有看到。

這段十五分鐘的短片，源自德國一對二人組合。我對Joko & Klaas這兩個人認識不多，大概只知道他們是電視台的諧星組合。第一次看到他們兩個人的時候，他們臉朝天平躺向上丟飛鏢，地心吸力讓飛鏢垂直反彈，跌下來刺到手臂。「這種笨，是節目效果吧，似乎每個國家都有這種拿自己的笨拙開玩笑的諧星。」我當時這樣想。這個二人諧星組有一個電視節目名為*Joko & Klaas gegen ProSieben*，意思就是Joko & Klaas對戰ProSieben（ProSieben 是德國的電視台，大部分時間專注製作和播放真人遊戲節目）。每星期一集，每集設計幾款對戰遊戲，大部分在現場觀眾面前作出對決，小部分戶外遊戲則事先拍好錄播。大部分是極為搞怪的遊戲，例如整個人穿成吸塵掃頭的樣子被懸掛在吊臂車上面，由另一位隊員操縱左右上下方向，在指定時間內「吸走」塵垢以查看底下的隱藏字句回答問題。又或是在指定時間內把物件抱在身上，目標是為了達到指定磅數；總而言之一切奇怪又好笑，妙想天開。順利完成就是Joko & Klaas得分，過關失敗就是電視台得分，每集以總分判斷勝負贏輸，只要他們獲得的分數比電視台高，便可以取得翌日電視台黃金時間的十五分鐘播放權；對賽鬥輸了，則要面對各種古怪懲罰。

我一直看到他們都是以諧星身份演出，贏出的十五分鐘播放權從來都沒有引起我的興趣，慣性好像都不過是拿來做自我宣傳。直到他們在Twitter爆發的那個夜晚，我才知道他們在這黃金時段裡面展示了一個禁忌話題，一個旋即引起了整個德國重視的禁忌話題。Joko

& Klaas解釋，當晚贏得十五分鐘黃金時段後就給女作家Sophie Passmann搖了一通電話，直接聊到這場一次性展覽的點子，並誠意邀請對方來主持這個節目。這個電視展覽的主題是：Männerwelten – Belästigung von Frauen，意思大概就是「男人世界：騷擾女性」。

開場的時候，女主持說明這個在地下室裡舉行的特殊展覽，只會以這個形式存在一次。

這場展覽只以這種形式存在一次。

十五分鐘的節目被劃分為好幾個部分，先說到女生在社交媒體收到不請自來的下體裸露照、然後提及到女主持或是女藝員在鏡頭前被人評頭品足的情況，對她們身材作出批評或是寫下露骨的色情留言，甚至針對身材的文字欺凌；再講述社交網絡或現實世界裡面語言、甚或動手騷擾的實際情況和其普遍程度，最後以性侵案例作結。語言或是肢體侵犯和權力不衡、無力反抗的恐懼在電視台的黃金時間被公開討論，那些曾經被視為「不要緊」和「很平常」的事情被帶上檯面重新認真審視。

同一個電視台，除了有主持人以嬉皮笑臉的姿態主持一個彷彿風乾福橘皮般醜陋的門大膽遊戲，也有諧星二人組花費寶貴的十五分鐘給出一場拉起高度關注的電視教育展覽。我本著自己的忠旨：好的壞的照單全收，任由世界琢磨我的人生。

我覺得世界上的各種好好壞壞、溫柔的栽培、荒謬的壓力都以各種各樣的形式滲透在人生的每個角落和裂縫裡面，以明示或暗示充斥每個關口，散落在每一個有印象和忘記得一乾二淨的過去裡面；到頭來都靠賴我們決定拾起什麼、帶走什麼、放低什麼。然而這個年頭，嚴肅正經的東西早就已經不值錢了；但誠懇不一樣，誠懇的態度還是有很重的分量。平日可以古靈精怪，但該認真的時候總是需要帶著誠意，就算是婉委表達也好。你可以是諧星但是認真做著正經事，總比你是專業運動員但用金錢的尺來量度人心、挖出人性的弱點為好。

如果人生有徵求我的個人意見，給我一份選擇用的選項表格，我立即勾選認真的誠懇。我覺得誠懇比一切更有價值，尤其在這個年頭。

014 孤獨病患

T.S.艾略特說四月是最殘忍的月分，我現在終於明白。春暖花開的期望下帶著反差發生的事情可以很多——比方說寥廓的天空下著綿綿的雪。我看著眼前的大雪廓爾忘言。可能說得誇張，但我心裡面就是覺得，美好的週末就這麼廢了。

在北歐最高的快樂是夏令時間的春天夜晚來得比較遲（剛好抵消冬天累積滿的煩憂），可是立春過後竟然大雪紛飛，我差點想要拍打自己的臉，測試一下自己是不是還沒醒來。這讓我忽然想念荷蘭那到處安裝著那種「一窗兩開」的玻璃窗，既可從右到左拉開，也可在飛雪的日子從下到上打開；犯不著我在斯德哥爾摩的法式陽台玻璃門前呆呆的抱著腿，抱怨不能在家嗅一下沾了雪的濕空氣。

深夜天空發黑的時候地球另一邊差不多是清晨，我神智不清下想要說的話經過了大西洋以後就沒有跟我一樣神智不清的對象了。情深說話還是吞往肚子裡就好，沒有人有必要去聽我嘮嘮叨叨。就像發出了一個在別人看到之前就刪掉的訊息，沒有必要將亂七八糟的內容交到別人的手裡。

***

「唉，冰咖啡有什麼好喝的。」

「冷冷的、淡淡的，有什麼好？」

「我都不喝冰咖啡。」

「冰咖啡有什麼好喝。」

情侶才不過離開店門，咖啡店老闆就按捺不住連珠爆發。尋求答話的目標對象好像是我，也可能是我身邊的其他人。但對此我並不知道應該要回應什麼，所以我什麼都沒有說。雖然我很少喝冰咖啡。

我當時心裡只有這樣想：太好了，還好這裡不是只站著我一個。

***

下午時分我在咖啡店裡呆了十五分鐘，剛才以毫不客氣的語調批評喝冰咖啡的正是咖啡店的老闆。他除了記得我喜歡喝哪一款咖啡，也包括我的歲數、我先前住過哪些地方、我何時來到斯德哥爾摩，以及我最喜歡自己哪一雙皮鞋和哪一個皮革包。

老闆的年齡大約是踏入中年沒多久（他提過出生年分但是我記不住）的花俏年紀，最愛說斯德哥爾摩的壞話。我知道他曾經有過老婆或是女伴，但不知道還有沒有持續在一起；但他看起來是如此的風流快活，是浪子的榜樣，直覺上他是一枚單身寡佬。他說離開意大利之後最懷念的就是媽媽拿手菜的味道，簡單的一個飯澆上一圈橄欖油、巴馬臣芝士和適量黑椒。說的時候七情上臉，單是他的手部動作，都好像能讓我嗅到米飯的香氣。

早上七時開到下午四時，周六還早一個小時關門，周日不開店，暑假定休至少一個月返回意大利探親。咖啡店的顧客大部分都是穿西裝外套的上班族，他和另一個意大利大叔共同經營著這一家我目前在斯德哥爾摩裡面最喜歡的咖啡店，沒有之一。除咖啡以外，這裡還有很多其他原因讓我對這家咖啡店（和他們）產生微妙的好感——老闆親切的笑容、那不思考就發言的直白性格、面積細小卻又整潔乾淨得讓人感到溫暖的咖啡店環境，以及生活無拘無束的咖啡顧客。牆上一面大鏡子反照著瑞典怎曬都不足夠的北歐陽光，白色磚牆乾淨得閃閃發亮，每個角落都非常清爽。店面最前方是長身窄吧檯，店中央的空間大小剛好足夠放一張桌球檯，這是那種完全沒有座位的意大利咖啡店（沒有機會翹起腿來喝咖啡）。瑞典人下午的最佳活動是度過fika時光，意大利人也講求在午餐後來一杯放鬆心情的精緻咖啡。屬於意大利人的咖啡儀式裡面，最重要的除了是優秀的咖啡，就是聊天。

在追求咖啡質素的具體願望上，普遍意大利人對咖啡的要求是瑞典人的無限倍（普遍意大利咖啡店老闆對顧客要求也更高）。老闆其中一個最可愛的地方是他毫不顧忌的尖酸刻薄個性，而他跟每一個我所認識的意大利人都一樣，是說話特別多的人——不是磨磨嘰嘰拖泥帶水，而是純粹多話。

***

我搬到歐洲的那個年頭是在畢業禮結束沒多久的秋天。在荷蘭接待我的是個說話很多、語速很快的意大利女生。她經常用高音喚我的名字，現在回想起來，彷彿都能夠聽到她的聲音在腦子的底板上面叮叮作響。「Sophia，我們要不要去那裡那裡。」「Sophia，看我今天失控的頭髮。」「Sophia，麵包怎麼超硬。」一直把我的名字用很高的頻率、很尖的聲線呼喚著，自此之後每當人家問我怎樣稱呼的時候，我都好像複製了她的聲調用帶著高音聲線說Sophia。

我本來就覺得自己很喜歡說話——嘮嘮叨叨要說的東西總是特別多、老是說不完，而且無論說什麼都是滔滔不絕長篇大論；每一次都把心肝脾肺腎拿出來大費周章地交待清楚，將甜酸苦辣喜怒哀樂都當成傳奇，生怕別人不理解，什麼都解釋一次。但我輸了，徹徹底底的輸掉。她來荷蘭比我要早一年，當時我還沒找到房子，暫時住在美國博士的家（當時他正準備回去美國過感恩節，所以把即將空置數個月的房子借給我）。為著讓我盡快適應當地生活，意大利女生總是不厭其煩地把過去一年賺到的荷蘭小知識滿心歡喜的跟我分享，並每天把我的名字叫上五百次。從鬱金香說到阿姆斯特丹的各條運河、從在露天市集站著吃鯡魚說到自動販賣機的可樂餅，像萊茵河流水一樣喋喋不休好不痛快，現在我什麼都知道了——包括可樂餅裡面有豬的腳趾甲。應該沒有了吧？我這樣想。然後她給我提早通報大學將會在聖誕節派送有酒有零食的驚喜禮物包；又說火車站的售票機似乎被安裝了偷資料的小盒子（所以千萬不要在那裡刷信用卡）；還有阿姆斯特丹馬拉松的日子、黑彼德的歷史（包括歧視的部分）、國王生日的正日會有什麼慶祝活動等等。甚至不用有特別的事情發生，她每天都可以找到新的題目延續下去。她可以一直說一直說，從出發說到回家，從早上說到夜晚，一直說到世界末日。我們打趣給她起了一個代號：人肉收音機，話音源源不絕地播放。她那數之不盡的題材在往後日子仍然泛濫。真正話多的人原來是這樣的，我算是終於見識到。這樣太好了，我可以不用說話。

就是她讓我覺得跟意大利人相處毫無壓力，也是她讓我喜歡上意大利人芝麻綠豆的各種可愛；從此跟意大利人在一起的時候，就不再需要考慮「到底該怎麼辦才好」。在哥本哈根的研討會，我這枚小薯在吃飯時剛好坐在人氣超高的牛津大學教授對面，內心差點要叫救命。我的天，我應該說什麼好？還是什麼都不要說？然後首先打開話匣子的是他。喔？對喔。幹麼我的心跳得這麼快，他到底是個意大利人。

我慢慢意識到自己暗地裡多多少少有點社交恐懼，表面上一副很會聊的樣子，但內心只是一直想快點散場回家。文質彬彬的牛津大學教授跟我聊意大利人的壞話，他用兩手擺出「兩時十時」的模擬駕駛場景，跟我說牛津的意大利人那喧鬧不安、不停響號的惡習。他說話時喜歡比劃手勢、動作幅度極大；縱使兩手在身體前面各個方位都有過動作，但他還能保持高度斯文有禮的氣質，是截至目前為止讓我覺得最夢幻的偶像教授之一。由這第二個意大利人給我引證，只要與意大利人同場，絕對能放下冷場的顧慮。

***

我想起自己曾經都是滔滔不絕、熱愛講話的人。尤其記得青春期的自己，總是拿著電話像大江水奔騰直下一樣從頭到尾把自己十幾年的人生說得鉅細無遺。更別說每天遇到的新鮮事或是讓內心忐忑不安的少女心事之類的困惑；當時的我彷彿就連頭髮長了幾公分都想要找個人每日匯報。或者，世界上一切的事情都像帶有反作用力，只要用力打進去就會有力回彈（凡事到達盡頭就會往相反方向走）。所以後來的我發現自己慢慢變得不那麼愛說話，無聲勝有聲。

上大學的日子我漸漸覺得話少比較舒服暢快，一來省下很多麻煩，二來事情似乎變得擁有更多想像空間。我在課前和課後都會戴上耳機；在碰到認識的人的時候只會簡單點頭打招呼，之後便急切地把眼神移開；放學後離開演講廳就立即回家。雖然沒有刻意擺出一副別跟我聊與學校無關的東西的姿態，但似乎在結果上看來是有這效果。偶爾跟某幾位交心的同學

Take a long walk

細細碎碎的聊過生活和未來，回想到那段日子可以說是又年輕又浪漫。不知道這些沒頭沒尾的回憶有沒有在別人的心頭佔上一點位置，也不知道他們現在過得好或是不好。這一刻，我竟然想起很多未曾出口的情深說話，不知要往哪個樹洞裡吐。所謂物極必反，反了又反，我不知道熱愛說話的我比較優勝，還是沉默的我比較優勝。

***

「縱使成年後就來到斯德哥爾摩定居，他還是帶著意大利人對咖啡的堅持，和一大堆手部動作。」旁邊的上班族搭嘴，還模仿老闆的小動作，那個捏起三隻手指意謂「Ma che cosa dici?」的手勢。

「真的假的？冰咖啡？哼！」聽得到老闆的語氣還是非常生氣。

「天氣熱的時候我也會想喝冰的喔。」我說完還怕會被老闆敲頭頂。

「你穿大衣，他穿大衣，其他人還穿羽絨。你喝雙份濃縮咖啡，他喝拿鐵也喝濃縮咖啡。剛剛賣的是我今天第一杯冰咖啡。什麼人喝什麼咖啡。那些人不懂生活。我只要想到這個，心情就變得非常低落。」

只要有意大利人在場，我的臉上就可以掛著笑容偶爾回應一兩句，然後默默聽著故事喝咖啡。

***

「你知不知道那小罐裡面的是什麼?」咖啡店老闆向我發問,眼神瞟向門外路過的那個男生。

太好了,他自己扯開話題。話鋒一轉,只要說其他東西,老闆的好心情好像就瞬間回來。不再說冰咖啡了,算是我們之間彼此放過大家。

「那是尼古丁?」

圓形扁身的小鐵罐,形狀和大小就像放喉糖、一扭一轉打開的那一種小鐵盒。我並不確實知道它是什麼,但看起來應該是香煙相關的東西。

「哎喲,你都知道。那是煙草,但不點火。」

老闆說那種東西叫做Snus,放在嘴巴裡的口含煙。北歐人用這種東西來止尼古丁癮。他繼續說,現在大部分瑞典人都不抽傳統的煙,不單是因為乾淨的畫面合乎他們對自己形象的要求,也是因為轉抽口含煙可以讓他們不用圍爐聊天。

老闆滔滔不絕的解釋——這正是我心目中真正意大利人的實際模樣。

我一邊擺出一副專心聽他話的姿勢，一邊審視他的店面。乾乾淨淨，可以說得上是整個空間每個位置都一塵不染。跟附近那所在日本學師後回來開的拉麵店不一樣，那裡的油煙在燈罩上沾上一圈污垢都沒有好好清理。雖然那是顧客不會觸及的高處，可是就連平日沒有架上眼鏡的我都看得一清二楚。

「他們特別喜愛展示自己的臉，抽煙啊什麼的，畫面大概不夠好看。」他笑著跟店內的其他人說：「你們嘛，就是整個世界都戴口罩、說防疫的日子，都擺出一副『誰在意』的傻臉，還是沒事一樣的陶醉在平行世界。很多人感染麼？RSV對小孩來說也很危險，很多東西都很危險。臉被蓋住也很危險。」他一邊說一邊打著各種意大利人慣常的手勢。

他接著用調侃的口氣說：「我現在其實都是半個瑞典人了，看我的帥臉。」說到這裡用一雙手背摸自己的臉，然後做出「prefetto」的手勢，再配合一直喊話也不沙啞的聲線繼續說：「剛才的男生很帥吧，綠色眼睛喔。但瑞典人很會掉頭髮，女生挑男朋友的時候要特別小心，不過他們都會偷偷的去織髮。那不認真看是看不出來的。」

Take a long walk

我稍微猶豫了一下，不知道該說什麼好，隨便答他一句：「我們文化裡面有一句俗語『十個光頭九個富』。」

他摸一摸自己頭頂上面濃密的頭髮說道：「所以我就沒錢啦？」

「光頭是足夠條件，不是必要條件。光頭都有窮的，要凡是光頭都是富有才算得上是足夠條件。」上班族搭話，思路清晰，心裡一片澄明。

大家笑起來的聲浪也不小。

大家都是靠著和老闆的互動切磋來消磨時間。

「有說口含煙最先在十八世紀的瑞典誕生，有說是十六世紀；總而言之就是瑞典最先出現。」他非常認真的說明。我也非常認真地聆聽。雖然我對口含煙沒有興趣，但有人給我講解我所不了解的事情，我還是想要細心傾聽。

Snus顏色繽紛，口味眾多，但那個包裝無論怎樣看，都不像煙。它們被疊起放在透明膠箱裡面販售，用很多幼細的光管照射著。雖然看起來與傳統的香煙毫無共通點，但單憑它們存放的方式便能夠直接聯想到那是尼古丁相關產物。我不知道盒子裡面的Snus長成什麼樣子，也沒有特別想像過盒子打開後它呈現一個怎樣的模樣，我只是看過別人扭開那個扁平的小圓罐，但是就在我看到裡面的東西以前，罐子就隨即轉向另一個我看不到裡面的角度。我笑著說，那對我來說是薛定諤的Snus。

直覺告訴我那大概像凡士林，灰白半透明；又或是像鞋油，也可能像髮蠟，也可能是深棕色的。我曾經以為那是像戒煙口香糖般的煙草替代品，不過以替代品來說市場佔有率未免有點過高，因此我否決這個不太合理的假設。

「我從來都沒見過這種東西。」我認真地回答。

說罷我忽然覺得自己像《一九八四》裡面的英社成員，眼裡只有特定的東西。自慚形穢似有還無地活著，整個世界好像就只有勝利牌香煙和勝利牌松子酒，而這些都讓我的想像狹窄又膚淺。

老闆給我下台階，說不知道也很正常，反正Snus在歐盟地區是違禁品，他以前在意大利都不曾見過。雖然我不知道老闆說的話真確性有多高，但我還是暫且把它們都收到腦袋記住。

「很多人會把它和英國常見的『尼古丁小袋』混為一談。」他隔著煮咖啡的桌子說。我在牛津都沒有見過「尼古丁小袋」，也不知道什麼是「尼古丁小袋」。我在牛津所認識的人，全部都直接抽傳統的煙，或是用煙斗抽著煙草和大麻。

他帶著發表偉論的腔調說：「『尼古丁小袋』單純是從植物榨出尼古丁，沒有煙草。」

我不知道他說的是否完全正確，反正我從來都不知道什麼是「尼古丁小袋」。

「別跟那些笨蛋一樣搞錯。」他補充說，自然流露著那很有代表性的尖酸刻薄。

我用力地回想，在漢堡好像已經好久沒有看過人抽傳統的香煙，差不多全部人都轉抽電子煙了。反倒是這一年在斯德哥爾摩的馬路燈位處經常被動地吸收二手煙，才勾起我對傳統香煙味道的回憶。

我現在知道含有尼古丁成分的Snus大致分為兩種，一種是散裝，指的就是一堆泥狀的濕煙草碎；另一種是袋裝，是分成獨立小包裝的煙草包。前者使用時得用手捏出自己想要的分量和形狀；後者大致上分為纖細版、迷你版、正常版等等好幾款尺寸。煙草包的分量有以倍數計的差異，最少大概只有零點三克，最多的超過一克；各個品牌各種口味都有自己的賣點和特長。煙草包只有一截尾指的大小，使用時間由半小時到兩個小時不等。尼古丁接觸到牙肉後自動發揮效果，大部分人們習慣把用完的煙草吐回本來裝Snus的空盒裡面。

老闆解釋，不難想像這種東西在瑞典流行，因為這貫徹了北歐人獨來獨往的冷作風——自己偷偷吸入尼古丁，不用用手拿著煙一拉一推，更不用擔心誰走過來想要聊天；「可以給我一根煙嗎？」之類的搭訕說話更可以完全省掉。

使用口含煙不用停下腳步，不需要雙手維持特定動作，不用抽，不用吸，就只是單純疊加在其他事情的過程之上，非常方便。我「抽煙」只是我自己的事，並不需要因此與誰拉到半點關係；這種自己做自己事的感覺，讓吸入尼古丁的過程變成一種孤獨運動。從此就沒有了「我去抽一支煙」這個時間量詞；沒有點火的過程，也當然沒有了借火的機會；沒有抽煙的吞吐動作，就沒有了屬於一支煙的時間；沒有了聯誼或解憂消愁的既定印象，頓時變成了一個身體純粹吸入尼古丁的過程。

整件事似乎變得相當孤獨。

「就是這樣捏緊捏細，放到嘴巴裡面，擠到牙肉和上唇中間。」老闆用拇指、食指和中指模仿捏起來的動作，再把手放在人中的右邊說：「在這個位置往上一點推，不會掉出來。神不知鬼不覺。」

並不是為了偷偷摸摸，但實際上就是做到無影無蹤。

就在這個時候，上班族重複老闆的動作，表明老闆這個手指捏起來的手勢其實就是「Ma che cosa dici?」的手勢。

這次換成瑞典人挖苦意大利人，店裡面的人們又再開始笑起來。

老闆裝作厭煩的翻一翻白眼，說這個「咖啡佬」的存在意義在於誰來喝咖啡，對上一個眼神，有點緣分，就自然會聊開；對象當中可能有些是人生中只會碰上一次的陌生人。

***

瑞典的孤獨症可以說是相當有規模。

Take a long walk

老闆一邊說一邊純熟操作他的咖啡機，咖啡從細管流出，直到流進小小的杯子裡面：「寡言沒問題，只有我一個人說也沒問題，像你一樣報以笑容也可以；但要是刻意避開或斷聯，那可是非常不健康。我喜歡健康的環境；你知道嗎？這是生活最終極的目標。」

他指著店內的意大利地圖說：「來意大利，意大利人就算招呼剛認識五分鐘的陌生人，也一定會給你免費吃到飽。」

老闆讓我想起了王爾德——生活是世界上最難得的事情，大多數人只不過是存在而已。我想起了當年那些喋喋不休的朋友；我想起了分手時不讓我說「就這樣吧」就此完場結束的小情人；我想起了那些一直重視我拉著我說話或是不讓我鼓著腮生悶氣的人。為了不讓孤獨症發作而日以繼夜地互相關心對方瑣碎的生活事兒，沒有原因地給我發訊息說想要跟我聊天。日子飛快地過，那些回憶都在數以年計的過去裡面；我本來就轉會成為了開始追求耐得住彼此沉默而不會尷尬不安的安靜追隨者，結果還是想要回去可以與人滔滔不絕的維度裡面連綿不斷地暢所欲言。發黑的天空飄著大瓣的雪花，我真的開始想念那些曾經跟我一起亂七八糟地談人生的每一個人。

所以當我在咖啡店眺望著門外正準備抽完最後一口傳統香煙就進來的另一個綠眼睛男生，老闆即便說：「所以來我店裡喝咖啡的人，都慣在門外抽真正的煙。」手裡打著「Ma che cosa dici?」的手勢繼續說：「來這裡喝咖啡的人，都愛聊天。」

把人生過得像持續散步

作　　者　Sophia Cheng 蘇菲蔓
責任編輯　Yannes
封面設計　Bianco Tsai

蜂鳥出版
HUMMING PUBLISHING
在世界中哼唱，留下文字迴響。

出　　版　蜂鳥出版有限公司
電　　郵　hello@hummingpublishing.com
網　　址　www.hummingpublishing.com
臉　　書　www.facebook.com/humming.publishing/

發　　行　泛華發行代理有限公司
印　　刷　同興印刷有限公司
圖書分類　①流行讀物　②文學
初版一刷　2022 年 11 月

定　　價　港幣 HK$118　新台幣 NT$590
國際書號　978-988-75053-5-8